달빛나루 진월

달빛나루 진월

발행일	2025년 11월 3일
지은이	광양문화연구회
펴낸이	손형국
펴낸곳	(주)북랩
출판등록	2004. 12. 1(제2012-000051호)
주소	서울특별시 금천구 가산디지털 1로 168, 우림라이온스밸리 B동 B111호, B113~115호
홈페이지	www.book.co.kr
전화번호	(02)2026-5777 팩스 (02)3159-9637
ISBN	979-11-7224-885-7 03910 (종이책) 979-11-7224-886-4 05910 (전자책)

잘못된 책은 구입한 곳에서 교환해드립니다.
이 책은 저작권법에 따라 보호받는 저작물이므로 무단 전재와 복제를 금합니다.
이 책은 (주)북랩이 보유한 리코 장비로 인쇄되었습니다.

작가 연락처 문의 ▶ ask.book.co.kr
전용 게시판에 문의를 남기시면 저자에게 직접 전달됩니다.

(주)북랩 성공출판의 파트너
북랩 홈페이지와 SNS에서 다양한 출판 솔루션을 만나 보세요!
홈페이지 book.co.kr   •   **블로그** blog.naver.com/essaybook   •   **출판문의** text@book.co.kr
카톡채널 북랩

이 책은 전라남도, (재)전라남도문화재단의 후원을 받아 발간(제작)되었습니다.   문화재단

달빛나루 진월

물과 사람, 연어가 돌아오는 공동체, 진월 인문 기행

광양문화연구회 저

북랩

책을 펴내며

  광양문화연구회장이 되어서 두 번째 책을 펴낸다. 재작년에는 광양의 진산 백운산을 품고 있는 옥룡면을 소개했다. 회원 여덟 명이 마을을 취재하고 신문 연재 날짜에 맞춰 글을 써서 『백운산 정기 품은 옥룡이 나르샤』에 담아 작년 하반기에 펴냈다.

  책을 내는 것과는 별개로 섬진강을 끼고 있는 진월면을 똑같은 방식으로 조사하여 〈광양시민신문〉에 연재했다. 한 사람이 서너 마을을 취재한 셈이다. 작년에 연재한 내용을 정리한 게 바로 이 책,『달빛나루 진월』이다.

  진월은 약 1만 년 전의 신석기 시대 유적인 돈탁 패총과 중산 패총에서 알 수 있듯이 오래전부터 사람이 살았다. 섬진강과 남해를 끼고 있어 물길을 따라 나루터와 포구가 만들어졌다. 망덕포구를 중심으로 70년대까지 영호남 사람이 물건을 실어 나르는 등 경제 문화 교역이 활발했다.

임진왜란 당시 이순신 장군의 흔적인 선소가 있고, 한국인이 사랑하는 윤동주 시인과 정병욱 선생의 아름다운 우정 이야기가 전해 온다. 민물과 바닷물이 만나는 데서 생기는 지형을 이용하여 일찍부터 시설 하우스 농사를 시작했다. 중도들과 사평들에서 양상추와 수박, 파프리카를 재배하여 해마다 수억 원의 수입을 올리는 부농이 많다. 구불구불 아름다운 섬진강 자전거 길은 자전거 동호인을 불러 모으는 전국적인 명소가 되었고, 배알도와 연결된 두 개의 다리는 광양의 새 관광지로 거듭나고 있다.

책을 엮으면서 회원 한 명이 물었다. "도대체 우리는 왜 이러는 걸까요?" 취재와 글쓰기의 어려움은 물론, 책을 엮는 과정의 고단함을 에둘러 표현한 말이다. 그런데도 묵묵히 이 일을 해나가는 이유는 단 하나, 내가 사는 우리 고장을 조금 더 알고 싶은 회원들의 열정 때문이다.

『광양시지』가 발간된 지 20년이 되었다. 우리가 사는 지역은 하루가 다르게 달라지고 있다. 회원들은 70~80대 어르신만 남은 현재의 농촌 마을을 누군가는 기록해야 한다는 절박한 심정으로 기록 작업을 이어가고 있다.

긴 여름의 끝이 보이는 지금도 회원 중 누군가는 마을 안내자를 섭외하고, 간식을 사서 마을회관에 모인 어르신을 찾고, 『광양시지』를 참고하여 원고지 20매를 채우느라 컴퓨터 앞에서 몇 시간 동안 끙끙댈 것이다. 글 한 편을 완성할 때마다 느끼는 보람과 희열만이 그동안 공들인 유일한 대가이다.

  올해 우리 연구회에서는 봉강면을 훑고 있다. 지역을 사랑하고 기록하고자 하는 의지 하나로 이 일을 해나가는 회원 모두에게 고마움과 사랑을 전한다. 광양문화연구회의 마을 탐방 작업은 앞으로도 계속될 것이다.

2025년 10월, 마지막 날에
광양문화연구회장 양선례

차례

책을 펴내며 5

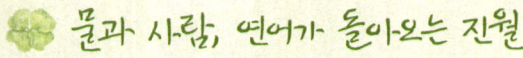 물과 사람, 연어가 돌아오는 진월

물은 사람을 모으고 - 민점기 12
고단한 신명 진월 전어잡이 소리 - 민점기 20
길목에 자리한 보루와 휴게소 - 민점기 35
아름다운 망덕포구, 유서 깊은 외망 Ⅰ - 백숙아 43
아름다운 망덕포구, 유서 깊은 외망 Ⅱ - 백숙아 59
천자봉조혈을 품은 망덕산 남쪽 마을 내망 - 백숙아 76
섬진강 연어처럼 젊은이들이 돌아오는 월길리 Ⅰ - 이회경 87
자연에 가치를 더해가는 지속가능한 미래의 땅 월길리 Ⅱ - 이회경 94

역사와 문화가 살아 숨 쉬는 진월

역사와 사람과 이야기의 집합체, 선소 마을 - 방승희 104
천황산 남쪽에 위치한 장재 - 백숙아 115
큰 인물 아홉이 나올 곳이라는 구룡 - 백숙아 124
이천 서씨 집성촌, 공동체 문화가 살아 있는 금동(琴洞) 마을 - 양선례 132
마을 규모는 작지만 물이 좋은 신송 마을 - 양선례 145
애국지사의 얼이 살아 숨 쉬는 송현 마을 - 양선례 151
역사와 문화의 품격을 갖춘 차동 마을 - 박옥경 157
신비롭고 품격 있는 으뜸의 집, 용암세장(龍巖世庄) - 박옥경 164

고즈넉한 고택, 연정이 뜀뛰는 진월

고목의 자태가 멋들어진 사동 마을 - 박옥경 174
시(詩)와 동가(洞歌)가 있고 지적 수준이 높은 구동 마을 - 박옥경 181
수어천 하구 신선 마을, 선포 - 정은주 189
고택이 있는 아늑한 마을, 진목 - 정은주 196
운강장(雲岡莊)의 소소한 이야기 - 정은주 203
교육열이 남달랐던 항동 마을과 오래된 삶터인 중산 마을 - 정은주 209
진월의 옛 중심 사평들에 비닐하우스가 넘실거리는 사평 마을 - 박발진 215

 ## 시 정신과 익정, 전설이 깃든 진월

재첩잡이 그리운 오추 마을, 고요한 추동 마을 - 박발진 224
생명의 근원, 물이 샘솟는 이정 마을 - 방승희 231
거북등에 서서 솔바람 소리를 듣는 돈탁 마을 - 박발진 239
수문과 따신 장터가 있던, 진월초·중 통합학교가 들어서는 방죽 마을 - 양선례 248
따뜻한 사람들이 오순도순 사는 마동 마을 - 양선례 258
용의 전설을 현실로 만든 곳, 용소(龍沼) 마을 - 방승희 264
작은 마을이 전하는 큰 행복, 구덕 마을 - 방승희 272

물과 사람, 연어가 돌아오는 진월

물은 사람을 모으고

물가에 일군 1만 년 삶터

　광양시는 1999년 '광양시 문화유적 분포 지도'를 제작하려고 문화유적 일제 조사를 순천대학교에 맡겼다. 조사 결과 약 10만 년 전까지 올라가는 구석기 시대 유물이 6개소(봉강1, 옥룡3, 옥곡1, 진상1)에서 새로 발견되었다. 1999년 문화유적 일제 조사 이전까지 광양에서 가장

신석기시대 흙 그릇 조각 - 돈탁 패총

오래된 생활유적은 신석기 시대 유물이 나온 진월면의 돈탁 패총(조개무지)과 중산 패총 유적이다. 약 1만 년 전 삶의 흔적인 신석기 시대 패총 유적 두 곳이 진월면에 있다는 것은 매우 의미가 크다.

구석기인은 원시 자연인으로 먹거리를 구하려고 이동하며 살았다. 반면에 신석기인은 살기 좋은 곳에 정착하여 마을을 이뤘다. 서로 협동하여 농사짓고 고기 잡았으며 배를 만들어 강과 바다에 나갔다. 유목민에서 정착민으로 생활방식이 달라진 것은 획기적이다. 광양에서는 돈탁 패총과 중산 패총이 신석기인의 새롭게 변화된 삶을 입증한다. 구석기인들은 두 물이 만나는 산골에 터를 잡았다. 발견된 유물이 다듬어진 정도로 볼 때 구석기인들은 넓은 터를 찾아 물길을 따라 점차 아래로 내려온 것으로 보인다. 이를테면 옥룡면 죽림 마을 구석기인들과 그 후손이, 홍룡과 옥동 마을로 물길 따라 내려온 것으로 추정할 수 있다.

이런 지혜를 이어받은 신석기인들 또한 물산이 풍부한 강 하구와 바다가 만나는 곳을 찾아 정착한다. 사람이 늘어나고 삶의 지혜가 발달함에 따라 농사짓고 고기 잡는 데 좋은 진월면을 선택한 것이다. 신석기 시대 선조들의 삶의 흔적은 약 3천 년 전인 청동기 시대로 이어지는데 진월면에선 관련 유적으로 선소 고인돌(진월초등학교 뒤편)이 있다. 약 1500년 전인 삼국 시대 유적으론 신석기 시대부터 삼국 시대까지 유물이 겹쳐 나오는 중산 패총과 백제시대 산성으로 알려진 봉암산성이 있다. 그리고 마룡 패총(진월중학교 서쪽 밭)에선 조선시대 유물이 나왔다. 이처럼 물은 사람을 모으고 물가 진월면에 모인 사람들은 크고 작은 마을을 이루어 1만 년 삶터를 이어 온 것이다.

물길 따라 오가는 사람과 물건

물가에 자리한 마을이 번창하자 마을 앞에 선창이 생기고 곳곳에 나루터와 포구가 만들어진다. 마을과 마을 간에 나아가 섬진강과 바다 물길 따라 사람과 물건이 활발하게 오간다. 지리산과 백운산에서 나는 임산물이 강 하구로 내려오고 바다의 수산물이 강을 따라 올라간다. 광양, 구례, 하동, 남해 사람들이 섬진강 물길로 사평장, 악양장, 화개장, 구례장을 오간다. 바다 물길로 여수, 순천, 하동, 남해, 부산까지 여객선과 화물선이 오간다. 실제로 망덕포구는 70년대까지 강과 바다를 연결해서 영호남의 사람과 물건을 실어 나르고 경제문화 교역을 원활하게 해 준 곳이다.

망덕산에서 본 광양만

외적에 맞선 물길 지킴이들

물길 따라 사람과 물건이 오가고 교역이 활발해지자 섬진강 하구 진월면 지역에 왜구를 비롯한 외적의 침입이 잦아진다. 외적의 침략에 맞서 물길 지킴이가 필요하게 된다. 조선 후기에 제작한 광양현 지도에 섬진진과 돈탁진이 표기된 것을 볼 수 있다. 이를 보더라도 일찍이 다압면에 섬진진을 두고 진월면에 돈탁진을 두어 물길을 관리하고 지켰음을 알 수 있다. 또한 백제시대 산성으로 알려진 봉암산성과 임진왜란 때 군선을 만들고 4척의 군선을 보유한 선소 역시 섬진강과 광양만의 물길 지킴이 기능을 했다.

망덕산에서 본 섬진강 하구

특히 임진왜란 당시 광양 현감 어영담은 경상도 전라도 일대의 물길에 밝았다. 전라좌수사 이순신 장군에게 경상도로 진격해 아군을 구원할 것을 건의하고 물길을 안내하며 앞장서 싸운다. 어영담 현감은 이순신 부대의 중부장이 되어 선소 수군(광양수군)을 이끌고 옥포

해전 등 싸움에 나서 커다란 전과를 올린다. 이러한 물길 지킴이 전통은 조선 말 항일 의병 활동으로 이어진다. 1908년 황병학 의병장은 백운산에서 포수들을 모아 장총부대를 만들고 망덕포구 탈환 작전을 벌인다. 당시 상황을 일본 측은 아래와 같이 기록하고 있다.

> 1908년 9월 1일 오전 3시 비도 50명(양총3 화승총25)이 망덕리에 내습, 일인 어부 가꾸노 진자부로와 그의 처 이소 및 장남 아끼라를 총살하고 가옥을 불사른 다음 이 마을 잡화상 이시다코우사쿠 집에 내습, 고용인 다까하시요시스케를 바다에 던져 익사케 하고 또 해안에 매어 둔 일본 어선을 불살랐다.

이처럼 광양과 진월면 사람들은 어영담 현감과 황병학 의병장을 도와 교역의 중심이자 군사 경제적으로 전략적 요충지인 섬진강 하구와 광양만을 지키기 위해 발 벗고 나섰다.

달빛나루 진월

1914년 행정구역 개편으로 진하면과 월포면의 첫 글자를 따서 '진월면'이라 하였다. 당시 진하면은 망덕리, 진정리, 차사리, 마룡리, 선소리, 신아리 등 6개 리가 있었고, 월포면에는 오사리, 신구리, 송금리, 월길리 등 4개 리가 있었다. 진하면은 진상면 청암리와 금이리 사이에 있는 나루터(일명 숭어쏘나루)의 아래쪽이라서 붙여진 이름이다. 강둑이 생기기 전에 중도는 섬진강 가운데 있는 섬이었는데 달

밤이면 강물에 어린 달 속에 중도가 잠긴 것 같이 보여 월중도(月中島) 또는 월등도(月燈島)라 했다. 월포면은 월중도 또는 월등도에서 딴 달 '월' 자에 포구 '포' 자를 붙여 월포면이라 했다. 진월면은 2022년에 개관한 진월면 종합복지센터를 '달빛나루 종합복지센터'라 이름 지었다. 진월면의 31개 마을은 곳곳에 제방을 막기 전(최고 100년 전)에는 구덕과 신덕마을을 제외하곤 모두 물가에 자리했다. '달빛나루'는 이러한 진월면의 예전 모습을 떠오르게 하고 지명 유래를 십분 살린 멋진 발상이다.

한편 1759년 간행된 '여지도서'에 의하면 당시 진하면은 12개 마을에 1,331명이 살았고, 월포면은 10개 마을에 1,640명이 살았다. 두 면을 합해 총 2,971명이 살았으니 지금 진월면에 사는 2,609명(2023.12.31.기준)의 인구보다 많다. 참고로 1988년 발간된 광양군 마을 유래지에 나오는 진월면 인구는 8,089명(1987.12.31.기준)이었다.

문화관광 교역 중심으로 발돋움

시설 하우스 농사를 일찍 시작한 진월 사람들은 중도들과 사평들에 선진적인 집단 하우스 단지를 만들어 연간 수백억 원을 벌어들인다. 특산품으로 재첩과 벚굴, 감, 밤, 매실이 많이 난다. 이런 진월면이 최근 들어 문화 관광 경제 교역 중심지로 발돋움하려고 온 힘을 쏟고 있다.

국사봉에서 본 중도 하우스 단지

    윤동주 시인과 정병욱 선생의 우정이 서린 망덕포구를 문학 관광 명소로 만들기 위해 대대적인 사업을 벌이고 있다. 여기에 백두산에서 망덕산까지(1,902.12km)가 백두대간의 가장 긴 끝 지점인 점을 살려 망덕산과 망덕기맥을 관광 명소화하려고 힘을 쏟고 있다. 매화

백두대간 최장맥 망덕기맥과 망덕산

축제 이후 매화 마을과 백운산 상봉 구간 등산객이 엄청나게 늘었다. 매화 마을에서 불암산~국사봉~천왕산~망덕산으로 등산객이 오게 하는 방법도 찾을 수 있을 것이다.

또한 25년 전에 기획해서 이제는 전국적인 명소로 알려진 섬진강 자전거 길의 시작 지점이 바로 이곳 진월면이라는 점도 큰 자부심이다. 지역적 특색을 살린 '달빛나루 진월'이 문화관광 교역의 중심지로 힘차게 도약하길 응원한다.

글·사진 민점기

고단한 신명 진월
전어잡이 소리

배는 사라져도 노랫가락은 남아

　진월 사람들은 1만 년 전부터 물가에 마을을 일구고 삶터를 개척한다. 같은 우물의 물을 먹으며 아픔과 즐거움 그리고 삶의 지혜를 나눈다. 진월 사람들이 물가에서 면면히 이어온 삶의 문화를 집대성한 모습이 있다. 바로 전라남도 무형문화제 제57호인 '진월 전어잡이 소리'다.

　300년 전통의 전어잡이는 처음에는 돛단배 한 척으로 고기를 잡았다. 1945년 전후부터는 한 배에 여섯 명씩 타는 배 두 척을 이용했다. 각각 50m의 그물을 내려 전어 떼를 에워싼 후에 뱃머리를 맞대고 그물을 올린다. 돛단배는 60년대 말에 대부분 동력선으로 교체되어 1970년대에 전성기를 맞았다. 당시 이정, 선소, 신답, 아동 마을에서 전어잡이를 주로 했는데 24척(12개 조)의 전어잡이 배가 있었다. 활발하던 전어잡이는 1980년대에 광양만에 광양제철소가 건설되면서 점차 사라졌다. 그러나 배는 사라져도 그때 부르던 노랫가락인 전어잡이 소리가 남아 전어잡이 어부들의 삶과 당시의 문화를 생생하게 전해 주고 있다.

전어잡이 소리 공연, 섬진강 문화 축제

　전어잡이 소리는 **노 젓는 소리-그물 내리는 소리-그물 올리는 소리-가래질 소리-노 젓는 소리-가래질 소리** 순으로 이어진다. 노 젓는 소리는 새벽에 고기잡이 나갈 때와 고기잡이를 마치고 돌아올 때 부른다. 만선을 해서 돌아올 때는 뱃전을 신나게 두드리며 부른다. 선창에서 기다리는 가족들은 전어잡이 소리만 듣고도 누구 배인지 알아본다. 앞소리는 돌아가면서(공연 때는 한 사람으로 고정), 후렴은 (어기야 디야) 다 같이 한다. 그물 내리는 소리는 전어 떼를 발견하면 사공이 그물 내리자고 외친 후 선원들이 해야 할 역할을 긴박하게 지시한다. 사공의 지시 말이 앞소리가 되고 선원들이 후렴(어야 뒤야) 을 한다. 가래질 소리는 그물에 든 전어를 배로 퍼 올릴 때 그리고 선창에 들어온 배에서 장사꾼들에게 전어를 퍼 줄 때 부르는 신명 나는 소리다. 한 사람이 앞소리를 매기고 후렴은(어낭창 가래야) 다 같이 한다. 선창 가래질 소리는 전어를 받아 가는 장사꾼들이 함께 후렴을 하다가 모두 풍물패와 어우러져 춤추며 공연을 마무리한다.

소리 복원 주역 세 어른은 가고

　필자는 1997년 광양시청 문화예술 팀장으로 있을 때 전라남도가 주최하는 남도문화제에 참가할 작품을 찾고 있었다. 마침 신답 마을에 사는 최동완 친구가 들려준 진월 전어잡이 소리가 생각났다. 두 척의 배로 전어를 잡는 것이 특이한데 그때 부르는 소리 또한 특별하고 구수했다. 최동완 친구는 1990년 전후로 태인동사무소에서 같이 근무하며 사귄 절친이다. 친구에게 사정을 이야기하고 도움을 요청했다. 그는 근무 부서가 서로 다른데도 발 벗고 나섰다. 소리를 해 줄 사람을 찾는 것이 중요했다. 선소마을에 곽 모 어른을 먼저 찾아갔다. 어른은 자신은 나이도 많고 몸이 약해 못한다며 신답 마을 후배를 소개했다. 며칠 후 최동완 친구와 함께 신답 마을 앞 정자에서 박인태(당시 71세) 박부명(71세) 김은배(67세) 세 어른을 만났다. 논에 벼 포기들이 벼 이삭을 피워 내려고 탱탱하게 몸을 부풀린 8월 말이었다.

　세 어른은 전어잡이 하러 바다로 나갈 때부터 전어를 잡아 포구로 돌아오는 과정을 자세히 설명해 주었다. 그리고 작업 장면마다 부르던 소리를 들려주었다. 김은배 어른이 앞소리를 하며 소리를 이끌었다. 박인태 어른과 박부명 어른이 뒷소리를 받쳤다. 소리 공부를 했던 분들이라 소리가 좋았다. 특히 김은배 어른과 박인태 어른은 카랑카랑한 쇳소리 목청을 가져서 음색이 애잔하면서도 힘이 있었다. 음정의 높낮이와 가락에 막힘이 없었다. 고단한 노동요라서 자칫 단조로울 수 있는데 잦은 가락의 가래질 소리가 흥을 북돋웠다. 노래 가사들이 현장감 넘치는 소리 말과 재치 있는 소리 말로 엮어져 재미났다. 걸작품을 만나 날아갈 듯이 기뻤다.

전어잡이 소리 선상 공연, 제1회 전어축제 1998년

남도문화제를 한 달 앞둔 9월 말부터 마을 앞 공터에서 본격적인 연습에 들어갔다. 앞소리는 김은배 어른이, 뒷소리는 박인태 어른이, 풍물 가락은 박부명 어른이 맡았다. 뒷소리는 박인태 어른이 북장단을 치면서 지휘했는데 손옥엽(당시 50세) 김일선(50세) 김봉래(50세) 박정호(38세)가 함께했다. 대회를 일주일 앞두고 고대하던 배가 완성되었다. 열두 명이 배 두 척에 나누어 타고 그물을 내리고 올리며 전어잡이를 재현하는 소리를 했다.

아뿔싸! 대회를 사흘 앞두고 배가 굴러가지 않았다. 전통 방식으로 만든 나무배의 무게를 견디지 못하고 바퀴가 망가진 것이다. 아찔했다. 방법을 고민하던 끝에 마을 주민들이 부랴부랴 사천 비행장에 달려가서 비행기 바퀴를 구해왔다. 이전 바퀴보다 크고 단단한 비행기 바퀴가 무거운 배를 잘 버텨 주었다. 대회를 무사히 마치고 전어잡이 소리는 민요 부문 장려상을 받았다. 그리고 어언 27년이 흘렀다. 이제 전어잡이 소리 복원의 주역인 세 어른은 모두 세상을 떠났다. 하지만 세 어른의 땀과 열정이 담긴 소리는 후배들과 후손들에게 남겨졌다.

당시 38세 막내가 소리 이어받아

진월 전어잡이 보존회장이며 앞소리꾼인 박정호 씨

전어잡이 소리는 1998년부터 남도문화제에 여섯 번을 더 나갔다. 마침내 2013년 제54회 한국 민속예술 축제에서 일반부 금상(문화체육관광부 장관상)을 받고 그해 말에 전라남도 무형문화제 제57호로 지정되었다. 소리꾼들의 열정과 신답 마을 주민들의 단합이 이룬 값진 열매다.

사실 필자는 1997년 남도문화제에 출연 직후 어렵게 복원한 전어잡이 소리가 전승되지 못하고 전어 배처럼 사라지면 어쩌나 걱정했다. 그래서 두 가지 대책을 마련했다. 하나는 전어잡이 축제를 열어서 전어잡이 소리를 축제 때마다 부르도록 하자는 안이고, 또 하나는 진월중학교 학생들이 전어잡이 소리 공연에 참여하도록 지원하자는 것이었다.

당시 김옥현 시장은 두 가지 대안을 흔쾌히 받아주었다. 진월면에 전어축제 추진위가 만들어져서 이듬해인 1998년 제1회 전어축제가 열렸다. 진월중학교 학생들이 전어잡이 소리를 배워 마을 주민들과 함께 전어잡이 소리 공연에 참가했다. 학생들의 참가는 5년 동안 이어졌다.

전어잡이 소리꾼의 빈자리는 연령대 순으로 이어졌다. 소리 복원의 주역인 박부명, 박인태, 김은배 어른이 차례대로 세상을 떠나자 2012년부터는 소리 복원 당시 50세로 뒷소리를 한 김봉래가 앞소리를 맡았다. 2022년 김봉래가 지병으로 세상을 떠난 후에는 역시 소리 복원 때 뒷소리를 한 당시 38세 막내 박정호가 앞소리를 이어받았다. '전어잡이 소리 보존회'도 만들어졌다. 1999년 창립한 보존회는 2008년 비영리 민간단체로 등록하면서 체계적으로 활동에 들어갔는데 초대 회장 김봉래, 2대 회장 서형일을 이어 지금은 박정호 앞소리꾼이 회장을 맡고 있다.

전어잡이 소리 합동공연(시립국악단 청소년관현악단 2022년 광양문화예술회관)

초록이 눈부신 이번 4월 말, 신답 마을 회관에서 친구 최동완과 함께 박정호 회장을 만났다. 전어잡이 앞소리를 맡은 박정호 회장은 마을 이장까지 1인 3역을 소화하는 중이었다. 그는 소리를 복원하던 당시 신답 마을에 살면서 진월농협에 근무하던 젊은이였다. 평소 우리 가락과 민속에 관심이 높아 전어잡이 소리 공연에 참여하게 되었다고 한다.

알고 보니 그는 오래전부터 양향진 명인에게 광양버꾸놀이 북을 배워서 농악단 활동을 해오던 터였다. 박정호 회장은 전수관이 마련되면 체계적인 후진 육성과 소리 대중화에 앞장서겠다는 포부를 밝혔다. 또한 2022년 광양문화예술회관에서 열린 시립국악단, 청소년관현악단과의 합동공연에서 받은 감동이 지금도 생생하다며 그와 같은 합동공연이 정기적으로 개최되길 바랐다.

전수관 건립으로 소리 대중화 기대

전어잡이 소리 보존회는 전어축제와 마을 공개행사 등 1년에 두 번 정기 공연을 한다. 공연에는 신답 마을 주민 70명과 진월면 연합 농악단 30명 등 총 100명이 함께한다. 공연 참가 주민 나이가 평균 75세로 높은 점이 애로사항이지만 마을청년회가 함께하여 어려움을 극복하고 있다. 소리보존회와 마을청년회는 11월에 마을 회관 마당에서 하던 공개행사를 내년부터는 바꾸려고 한다. 벚꽃이 만개하는 4월에 강변 나루터로 옮겨서 공개행사를 열어 관객 참여를 높이고 주민소득을 올리는 방안을 마련 중이다.

전어잡이소리 전수관 터(마을회관 오른쪽)

기쁜 소식이 있다. 마을회관 옆에 전어잡이 소리전수관 터가 마련되어 건립을 앞두고 있다. 전수관 건립으로 체계적인 소리꾼 육성과 전어잡이 소리 대중화가 기대된다. 요즘 광양시 관내 초등학생들이 전어잡이 소리를 곧잘 배운다고 한다. 전어잡이 소리의 대중성이 확인된 것이다. 그 소리가 널리 퍼져서 달빛나루 진월의 문화와 역사가 찬란히 빛나기를 기대한다.

진월 전어잡이 / 민점기

전어가 온다

전어가 온다. 영양 좋은 광양만 개펄에서 몸집 키우고 알 낳으러 전어가 몰려온다. 섬진강 물은 아래로 깔리고 남해 바닷물 위로 넘쳐 속물 겉물 부딪쳐서 모래개펄 휘저어 놓자 전어 먹이 떠오른다. 큰 전어 중배기 전어 끼리끼리 떼를 지어 우르르르 몰려들어 덥석덥석 먹이질 한다.

출어

윗집 아재는 긴장대로 물 깊이 재는 살대 잡이 살무사. 아짐 출산이 내일 모레라 옷 보따리 챙겨서 선창마을로 내려간다. 뱃사람이 아이 낳는 걸 보면 전어가 안 잡히고 잡힌 전어도 눈알이 빨개져 똥값 되고 만단다. 아재 덕분에 전어 배 탄 나는 식사 당번하는 막내 선원 하장. 잠귀 어둡고 새벽잠 많아 아재 따라 나선다. 다음 날 꼭 두새벽, 선잠 깨어 눈 부비며 큰 배에 올랐다. 뒤따르는 작은 배가 선창을 빠져나오자 사공 어른 늘어진 소리 선원들 잠을 깨운다.

어기야 디야 어기야 디야

어제 그제는 해질 무렵 땅금지기에 그물질하느라

몸땡이가 물먹은 솜처럼 천근 만근 무겁지만 정신 차려 노를 젓소

물 빠진다 물 따라서 미끄덩 미끄덩 빨리 가세

배알도 지나 큰 등이라 왼쪽에는 말섬 난초섬 지신도 쪽으로 좀 더 가세

갈매기 떼 모여든다 항무사는 귀를 종그고 전어 노는 소리 잘 듣소

희부옇게 동 터 온다 눈을 크게 떠 전어 찾게

어기야 디야 어기야 디야

그물 내리기

쉿, 항무사가 고개를 바짝 들며 손가락을 입술에 세운다. 사공 어른이 소리를 멈춘다. 노 젓는 소리만 차락차락 조심조심 나아갈 때 전어 떼다! 항무사가 외친다. 지신도 쪽을 바라보니 전어 떼가 만들어 낸 물결 포랑이 큰 등 만치 넓다. 살무사 아재가 재빨리 살대를 짚더니 가슴 높이로 딱 좋네 하며 고개를 끄덕인다. 작은 배가 다가오자 사공 어른이 외친다. 날물이 들물로 바뀌는 비돌기다! 지신도를 향해 들물받이로 그물을 내리세. 모두들 손 맞춰 싸게 싸게 내리세. 사공 어른 소리 말이 빨라진다.

어야디야 어야디야

항무사는 노를 잡고 앞발무 뒷발무는 그물 내리소

봉돌 그물추 엉키지 않도록 가지런히 그물 내리소

포랑이 넓어 안 되겠네 한 가운데로 무지르세

살무사 하장은 살대 물채로 물을 두드려 전어 떼를
그물 안으로 몰아넣소
작은 배가 코앞이다 뱃머리 맞댈 준비하세
어야디야 어야디야

이때 살무사 아재가 살대를 냅다 휘두르며 다급하게 소리 지른다. 뱃머리 사이로 전어 도망간다. 막아라! 사공 어른이 수저로 양재기를 두드리고 발을 구르며 막아라, 악을 쓴다. 호주머니에서 조약돌을 꺼내 뱃머리 앞으로 힘껏 던지며 덩달아 악을 썼다. 다행이 선두 고기가 방향을 틀었다.

그물 당기기

큰 배와 작은 배가 머리를 맞대고 멍에를 맸다. 이제 전어를 가두었으니 막걸리 한 사발 마시고 그물 당겨 올리세. 사공 어른 말 따라서 어깨 떡 벌어진 앞발무 뒷발무가 그물 밧줄을 잡는다.

에용 에용
꿈자리가 좋더니만 큰 고기 떼 만났네
돈 없다고 한탄 말고 못 산다고 서러 말소
이 그물 안에는 돈도 있고 밥도 있네 힘을 내서 당겨 보세
그물이 무거워 힘이 들면 앞발무 뒷발무 자리 바꾸고
살무사는 퍼 싣기 좋도록 전어를 한데 모아주소
에용 에용

뱃전 가래질

그물에 갇힌 전어들이 팔딱팔딱 몸을 뒤챈다. 성질 급한 놈들은 은회색 배때기를 뒤집고 아가미를 헐떡인다. 때마침 남해 하동을 잇는 잘록한 산 능선으로 아침 햇살 퍼져 나와 전어 비늘 반짝인다. 이보게들 그물 찢어지게 많이 들었네. 후딱 아침 먹고 밥심으로 퍼 올려보세. 사공 어른이 막걸리 통을 물 칸에서 꺼낸다. 선원들이 둘러앉자 밥과 반찬을 부리나케 내어 오고 두부찌개를 덥혔다. 자, 담배 한 대 통 빨았으면 가래질하세. 싱글벙글 사공 어른 소리를 시작한다.

> 어낭창 가래야 어낭창 가래야
> 경사 났네 경사 났어 우리 배 경사났네
> 그물이 낭창한 것이 틀림없이 만선했네
> 아랫배에 힘을 주고 신바람 나게 퍼 올리세
> 작은 배 깊이 들었네 까딱하면 물 먹이겠네
> 가래질 소리 손을 맞춰 큰 배로 바꿔 퍼 올리세
> 가래를 깊이 박아 듬뿍 담아 퍼 올리게
> 큰 배도 깊이 들었네 그물 바닥이 보이네
> 어낭창 가래야 어낭창 가래야

만선 입항

짝을 지어 번갈아 가며 뱃전 가래질 한 시간. 땀범벅 비늘 범벅 새까만 얼굴 선원들이 허연 이빨 드러내고 웃는다. 야, 만선이다 만선! 신명나게 소리하며 선창으로 들어가세. 사공 어른이 쉰 목청을 늘어 뺀다. 빨강 파랑 노랑 풍장기를 재빠르게 매달아 꽂았다.

어기야 - 아하 어기야 - 아하

얼씨구절씨구 지화자 좋다

선주 선원 마눌님들이 정한 수 떠놓고 빌더니만

남해 바다 용왕님네 광양 바다 용왕님네

용왕님네가 돌봐줘서 오늘날에 만선했네

먼 데 사람 듣기 좋게 옆에 사람 보기 좋게

멋들어지게 소리하며 선창으로 들어가세

다음 차례는 막둥이 하장 소리 받아 매겨보게

부엌데기 막둥이 하장 소리 받아 매깁니다

해방둥이로 태어난 저는 일곱 살에 아비 잃고

홀벌이 어매와 세 동생 먹고 살기 힘들어서

초등학교 졸업하자 꼴담살이 들어갔소

머슴살이 고단한 삼 년 나 혼자 배는 채웠지만

서 말 쌀 새경으론 살림 보탬 턱도 없어

윗집 살무사 아재에게 팔뚝 알통 보여주며

전어 배 태워 달라 사정했소

사공 어른 나 어린 저를 이쁘게 보고 거둬주니

고맙고도 고맙습니다 어매에게 보고 배운

음식 솜씨 뽐내면서 심부름도 딸랑딸랑

종소리 나도록 할 터이니 무엇이든 시켜주소

어기야 - 아하 어기야 - 아하

뒤이어 소리를 매긴 윗집 살무사 아재는 아짐이 떡두꺼비 같은 아들 낳길 바랐고, 힘 좋은 앞발무사는 몸저누운 어머니가 빨리 일어나길 기원했다. 짓궂은 항무사 아재는 내일도 모레도 만선해서 아짐이 갖고 싶어 하는 예쁜 속곳 사다 주고 이불 속 떡방아를 구들이 꺼지도록 찰방지게 찧겠단다. 선원들 모두 목을 뒤로 젖히고 하하 껄껄껄 웃다 보니 배알도가 바로 앞이다. 양재기를 꽹과리 삼고 방망이를 북채 삼아 뱃전 장단 두드리며 목청껏 소리한다. 강바람 불어와 만선 풍장기 나부낀다.

선창 가래질

선창에 모인 사람들 저 소리가 누구 배 소린가 귀를 모아 듣는다. 눈 굴려 배를 찾는다. 소리가락 쌩쌩하고 뱃전 장단이 흥거우니 만선 배가 분명한데 뉘 집 배가 만선 했나 목을 늘여 기다릴 때 삼색 깃발 펄럭이며 배알도를 돌아든다. 우와 신답호! 신답호가 만선했다. 신답호 선주 헛기침하며 에헴 앞으로 나서고, 술동이 이고 온 선주 마누라는 엉덩이를 씰룩씰룩. 우리 배가 만선했네, 도부꾼들 어서 어서 전어 받으러 나오소! 선주 어른 소리치자 다래기 든 도부꾼들 우르르 몰려온다. 이보게, 오늘은 만선 했으니 다래기 넘치도록 가득가득 퍼 담아 주소. 선주 어른 선심에 가래질 소리 흥겹다.

    어낭창 가래야 어낭창 가래야
    곳간이 차면 곡식 인심 만선 배에는 생선 인심
    우리 선주 손복이 좋아 신답호 오늘 만선 했네

도부꾼들 돈 맛보도록 다래기 넘치게 퍼담아 주소

가을전어 머리통엔 꼬소롬한 깨가 서 말

전어 굽는 냄새 못 잊어 집 나간 며느리 돌아오네

선창 위에 술동이 보소 선주 마누라 몸통만 하네

싸게 싸게 퍼 담아 주고 만선 풍악 울려보세

전어를 모두 다 팔았네 재미나게 놀아 보세

어낭창 가래야 어낭창 가래야

하장아 풍장기 들어라 꽹과리는 사공 몫이니

앞발무는 징을 들고 뒷발무는 북을 치소

살무사는 장구 장단 항무사는 병신춤 추게

도부꾼들도 다래기 이고 마당 한 바퀴 돌아주소

동네방네 구경꾼들 선주 술동이 바닥나도록

한데 어울러 놀아보세

어낭창 가래야 어낭창 가래야

글·사진 민점기

길목에 자리한
보루와 휴게소

　진월 지역은 우리 선조들이 약 1만 년 전 신석기 때부터 마을을 이루어 삶의 문화를 꽃피운 곳이다. 그중에서도 강물이 바다와 합해지는 섬진강 하구는 물길 교통이 발달한 곳으로 정치 경제 군사 문화적으로도 전략적 요충지이다. 이런 요충지에는 끊임없이 사람과 물건 문화가 흐르고 이를 따라 외적의 침입 또한 뒤따르기 마련이다. 아동 마을 뒷산에 있는 '신아리 보루'는 요충지인 섬진강 물길을 지키는 파수꾼 역할을 했고, 섬진강휴게소는 물길 교통로인 망덕포구를 대신해서 육로교통의 중심이 된다.

섬진강 파수꾼 신아리 보루

　임진왜란 때 광양 수군이 아동 마을에 주둔하며 섬진강 물길을 지켰는데 신아리 보루를 활용했다는 이야기가 전해온다. 비슷한 사례로 남해군 남면에 있는 임진성이 있다. 남해군의 임진성 또한 임진왜란 때 광양만으로 침입하는 왜군을 물리치기 위해 지역 주민들이 성을 쌓고 싸운 곳이다.

아동 마을 사람들은 신아리 보루를 본래 봉암산성이라 불렀다. 봉암산성 동편에 있는 벌 바구(벌 바위)에서 딴 이름으로 '벌 봉(蜂)'자에 '바위 암(岩)'자를 사용한다. 아동 마을 유래지에 따르면 봉암산성은 백제 산성이고 강 건너 하동에는 신라 산성이 있다고 전한다. 실제로 하동군 악양면 섬진강 옆에 신라 산성인 고소산성이 있고 광양만과 사천만이 잇닿는 남해대교 인근에도 신라 산성인 대국산성이 있다.

옛날에는 물길이 물류를 움직이는 중심 교통로였다. 사람과 물건을 실은 배들이 섬진강 물길을 타고 남원까지 오르내렸다. 신아리 보루는 광양만과 맞닿은 요충지, 섬진강 하구를 맨 앞에서 지키는 파수꾼 역할을 한 것이다.

신아리 보루 전경

봉암산성에서 신아리 보루로

봉암산성은 2006년 전라남도 문화재 자료 제263호로 지정되면서 '신아리 보루'로 이름이 바뀐다. 규모가 작고 우물과 건물터가 없는 것으로 볼 때 군사들이 상시 거주하는 산성으로 보기보다는 군사 행동이 필요한 비상시기에 농성을 벌인 보루라고 판단한 것이다.

필자는 시청 문화예술 팀장으로 있던 1998년 광양의 4대 산성에 대한 정밀 지표 조사를 추진했다. 해발 170미터 산꼭대기에 자리한 봉암산성은 산꼭대기를 테로 두른 듯하다고 하여 '테뫼식 산성', 또는 산꼭대기에 자리한 모습이 떡 찌는 시루를 닮았다고 해서 '시루성'이라 부른다. 신아리 보루는 길이 100m에 넓이 5.2m, 면적이 약 440평으로 소규모 산성이다. 정밀 지표 조사 결과 성안에는 우물도 없고 건물터 흔적도 찾지 못했다. 유물로는 백제시대로 추정되는 회청색 경질 토기 한 조각을 발견했다. 그때도 지금처럼 성벽 안쪽에 9단 석축이 잘 남아 있었다.

조사를 마치고 4대 산성을 문화재로 지정해 달라는 보고서를 전라남도에 올렸다. 전라남도는 1999년 마로산성, 불암산성, 중흥산성을 전라남도 기념물로 지정하였다. 이후 발굴조사를 통해 건물터와 우물, 명문 기와 등 여러 가지 유물이 나온 마로산성은 2007년 국가 사적으로 승격되었다.

규모도 작고 이렇다 할 유물이 나오지 않은 봉암산성은 7년 뒤인 2006년 전라남도 문화재 자료 제263호로 지정되었다. 한편 신아리 보루에서 북쪽으로 4.8km 떨어진 곳에 불암산성(진상면)이 있고 서쪽으로 15km 지점에는 마로산성(광양읍)이 자리한다. 마로산성에서 북쪽으로 5km 떨어진 곳에는 중흥산성(옥룡면)이 있다. 이처럼 광양의 주요 길목마다 자리한 4개의 산성을 직선으로 연결하면 마치 왼쪽으로 약간 기울어진 직사각형 모양이다.

신아리 보루에서 본 섬진강과 남해고속도로

문화가 흐르는 섬진강휴게소

신아리 보루에서 800m 떨어진 남쪽 강변에 자리한 섬진강휴게소는 풍경이 좋다. 상행선(순천 방향) 휴게소 옆 높직한 언덕에 조성한 공원에 오르면 광양만 바다로 나아가는 섬진강 물줄기가 보인다. 남쪽에는 망덕포구를 감싸고 있는 망덕산, 북쪽으로 아동 마을을 보듬고 있는 봉암산과 신아리 보루를 볼 수 있다. 신혼부부들이 야외 촬영하려고 즐겨 찾기도 하는 휴게소 언덕 공원은 풍경만 좋은 게 아니다. 공원에는 멋들어진 조형물도 있다. 하늘로 기세 있게 솟구친 조형물 앞에 팔을 뻗어 월계수 관을 들고 날아오르는 듯한 모습을 한 여인 조각상이 그것이다. 남해고속도로 개통 이듬해에 세운 고속도로 준공 기념탑이다.

섬진강휴게소 명물은 또 있다. 바로 기념탑 앞에 설치된 육교인데 여행객들은 이 육교로 상행선과 하행선 양쪽 휴게소를 자유롭게 오갈 수 있다. 상행선 언덕 공원에 올라 주변 풍경을 구경한 여행객이 육교를 건너 하행선(부산 방향) 휴게소 옥상에서 강 풍경을 볼 수도 있다.

휴게소 안에 갤러리가 있어서 여행객은 다양한 미술작품을 감상할 수도 있다. 한편 '진월 전어잡이 보존회'는 코로나19로 2020년부터 2021년까지 야외 공개행사를 할 수 없게 되자 이곳 휴게소에서 진월 전어잡이 소리 영상을 2년 동안 각각 한 달 넘게 상영하기도 했다. 이를 계기로 광양의 자랑인 진월 전어잡이 소리가 전국에 널리 알려지게 되었다. 이처럼 섬진강휴게소는 사람과 물건은 물론 문화가 흐르는 곳이다.

고속도로 준공 기념탑(왼쪽)과 양쪽 휴게소를 이어주는 육교

환승센터 들어서 교통망 완성도 높여

　광주와 부산을 연결하는 남해고속도로는 1973년 2차선으로 개통되었다. 언덕 공원에 세워진 고속도로 준공 기념탑은 이듬해인 1974년 건립되었다. 섬진강휴게소는 다음 해인 1975년 들어섰다. 광주와 부산 중간 지점에 자리한 섬진강휴게소는 개소 때부터 풍경이 좋고, 맛깔스러운 향토 먹거리로 이름이 높았다. 그러나 처음 10년간은 휴게소 운영에 이러저러한 어려움도 많았다.
　특히 물 부족은 큰 문제였다. 80년대 중반쯤 휴게소 측은 당시 광양군과 여러 차례 협의를 통해 태인동 연관단지로 들어가는 대형 상수도 관로에서 물을 끌어왔다. 이로써 물 부족 문제는 해결되었다. 휴게소에 상수도가 들어오면서 자연스럽게 다른 마을보다 빨리 신답 마을에도 상수도가 들어왔다.

섬진강휴게소 (강변 부산 방향)

1992년에는 남해고속도로가 4차선으로 확장되어 교통량이 대폭 늘어났다. 덩달아 휴게소 이용객도 급증한다. 2018년에는 휴게소에 고속버스와 시외버스 환승센터가 들어섰다. 이제 광주, 순천, 여수와 부산, 울산, 경남을 오가는 사람들이 이곳에서 차를 갈아탄다. 광양시는 지역민과 여행객의 편의를 위해 휴게소에 시내버스 노선을 넣었다. 남해고속도로 중간 지점이자 영호남이 만나는 섬진강휴게소에 환승센터가 들어서면서 육로 교통망의 완성도가 높아졌다. 섬진강과 남해안 일대 물길을 이어주던 교통요충지 망덕포구의 예전 기능을 이젠 섬진강휴게소가 육로교통으로 대신한 것이다.

광양의 멋과 맛 알리며 일자리 창출

 섬진강휴게소는 광양의 멋과 맛을 알리는 데에도 앞장서고 있다. 필자는 시청 관광팀장으로 있던 2001년 휴게소를 운영하고 있던 두성유통 본부장을 찾아가 휴게소 안에 광양 관광안내판 설치 장소를 내어 달라고 요청했다. 당시 양쪽 휴게소 총괄 운영을 맡은 본부장은 흔쾌히 협조해 주었다. 대형 관광안내판 설치 장소를 제공해 줄 뿐만 아니라 한발 더 나아가 휴게소 내 전망 좋은 곳에 광양을 자랑하는 문화관광 사진을 고정 전시하겠다고 약속했다. 그 약속은 지금도 지켜져 하행선 강변 쪽 휴게소 옥상에 광양 자랑 사진들이 여전히 전시되고 있다.

섬진강휴게소에 설치된 관광안내판

또한 당시 본부장은 광양에서 생산되는 매실과 재첩으로 명품 밥상을 만들겠다는 포부도 밝혔다. 섬진강휴게소의 재첩국은 이미 상당히 알려진 상태였는데 얼마 후 '청매실 재첩 비빔밥'이 만들어져 한국도로공사 선정 우수 메뉴에도 올랐다. 한편 신답 마을과 아동 마을 등 신아리 주민들은 휴게소를 활용해서 밤, 매실, 감 등 지역 특산품을 판매하고 있는데 소득이 짭짤하다.

무엇보다 섬진강휴게소는 1975년 개소 때부터 지금까지 줄곧 지역민에게 일자리를 제공해 왔다. 신아리 주민들을 비롯해 20~30명의 진월면 지역민이 계속해서 섬진강휴게소를 일터로 삼아 온 것이다. 이처럼 섬진강휴게소는 광양의 멋과 맛을 널리 알리고 지역민 일자리 창출에도 앞장서고 있다.

글·사진 민점기

아름다운 망덕포구,
유서 깊은 외망 I

　외망 마을은 광양현 동면(東面) 진하리(津下里)로 추정되며 1700년대 초기 이후에는 진하면(津下面)에 속하였다. 1789년경에는 진하면 덕망촌으로, 1872년 왕명으로 제작된 광양현 지도에는 망촌(望村) 지역으로 표기 되었다. 1912년 왜정시대 행정구역 개편 이전에는 진하면 외망리(外望里)라 하였다. 그러다가 1914년 행정구역 개편으로 진하면(津下面)과 월포면(月浦面)이 통합되어 진월면(津月面)으로 부르게 되었다. 따라서 진하면의 장재리(長在里), 내망리(內望里), 외망리(外望里), 구룡리(구룡리) 등이 병합되어 진월면 망덕리가 된 것이다. 1987년 1월 1일을 기준으로 광양군 진월면 망덕리에 속하게 되었으며 행정리상 망덕1구를 외망이라고 칭하였다. 현재는 광양시 진월면 망덕리에 속하며 행정리상 외망이라고 부른다.[1]

---

1) 광양시지편찬위원회, 『광양시지』 4권, 도서출판 홍익기획, 2005, 770쪽.

아름다운 망덕포구와 배알도

배알도와 망덕산 아래에 위치한 외망(사진 박주식)

　외망은 섬진강 하류인 광양만 자락에 자리한 어촌이다. 망덕포구는 망덕산이 금방이라도 목욕하러 내려올 것만 같은 외망 마을의 중심을 이루는 곳이다. 섬진강과 광양만이 교차하는 지점인 이곳은 깨끗한 공기, 아름다운 풍광, 인문학적 유적지, 먹을거리 등이 풍요로워 사시사철 관광객의 발길이 끊이지 않는다. 마을 앞에는 배알도가 수호신처럼 바다 가운데 자리하고 있어 그 아름다움을 더한다.

　배알도는 대동여지도에 '사도(蛇島)'라고 표기되어 있다. 필자가 초등학교에 다닐 때만 해도 지역민들은 '뱀섬'이라고 불렀다. 섬마을에서는 소풍지가 마땅하지 않아서 필자 역시 매년 이곳으로 소풍을 왔다. 배알도라는 이름은 호남정맥의 종점을 찍는 망덕산을 향해 절을 하고 있는 형상을 지녔다고 하여 붙여진 것이다.

　배알도에는 태인도와 망덕으로 이어지는 두 개의 다리가 날개처럼 펼쳐져 있다. 하나는 배알도 수변공원과 해수욕장을 잇는 '해맞이 다리'이고, 다른 하나는 배알도에서 망덕으로 이어지는 '별 헤는 다리'이다. 광양 시민 공모로 정한 이름인데 인근에 있는 윤동주·정병욱 이야기와 어우러져 아름다우면서도 적절하다는 생각이 든다. 망덕포구를 찾아오는 관광객 대부분이 두 다리를 산책하며 풍광을 즐긴다.

윤동주의 육필 원고를 숨겨 두었던 정병욱 가옥으로

망덕포구를 한 바퀴 걸을 수 있는 해변 길이 만들어져 있다. 길은 마치 마을을 휘감아 돌다가 바다의 문을 열고 이어질 듯하다. 섬진강 휴게소 뒤편에서 시작하여 하늘과 바람과 바다와 갈매기를 벗하여 해변 길을 걷다 보면 윤동주 '시비 동산'이 나온다. 다시 해변 길로 올라가 5분 남짓 걸어가면 윤동주 육필 유고가 발견된 정병욱 가옥에 닿는다. 예전에는 바로 앞 바닷가에 선창이 있었다. 지금은 도로가 생겨서 바다가 한참 밖으로 밀려나 있다. 그 집 앞 도로 건너엔 나무 길이랑 자전거길이 바다 위로 조성되어 있어서 관광객 눈길을 끈다.

윤동주 육필원고를 숨겨두었던 정병욱 가옥의 예전과 현재(사진 이수영)

망덕포구에서 윤동주를 만나다

　윤동주(尹東柱, 1917~1945)는 1941년 연희전문학교 문과 졸업을 기념하기 위하여 자신이 고른 시 열아홉 편을 77부 한정판으로 출판하려고 하였다. 그는 육필로 세 부를 만들어 연희전문대 교수였던 이양하(李敭河)와 후배이자 다정한 벗이었던 정병욱(鄭炳昱)에게 각각 한 부씩 맡기고 자신이 한 부를 간직하였다고 한다. 윤동주의 시집 출간 계획은 일제 검열 통과 여부를 걱정했던 이양하의 만류로 인하여 미루어지게 되었다. 당시 윤동주는 시집의 제목을 '병원(病院)'으로 붙일 생각이었다. 정병욱의 회고에 의하면 '당시 세상 사람들이 온통 병든 환자들이었기 때문'이라서 이런 제목을 붙이려 했다고 한다.
　정병욱 가옥은 지은 지 오래되어서 최근 광양시에서 대대적으로 수리했다. 새로 단장한 정병욱 가옥에 들어서면 맨 먼저 윤동주 원고를 숨겨 두었던 마루 아래 항아리가 눈에 띈다. 현재 정병욱 가옥의 마루는 개량 사업으로 나무 재질이나 색깔이 예전과 다를 것이다. 하지만 육필 원고가 전시되어 있어서 당시 분위기와 현장감은 오롯이 느낄 수 있다.

윤동주와 정병욱의 우정

　윤동주와 정병욱의 인연은 저 유명한 시집 『하늘과 바람과 별과 시』을 세상에 선보이게 한 운명적인 만남이다. 정병욱이 연희전문학교에 입학했을 당시에 시 잘 쓰는 사람으로 유명한 윤동주가 찾아왔다. 두 해 선배였던 윤동주는 정병욱의 글을 보고 잘 읽었다는 말을 전하려고 온 것이라고 했다. 그 후 두 사람은 소설가 김송의 집에서 하숙하며 두어 해 동안 동고동락(同苦同樂)하였다. 동주는 늘 자신이 쓴 시를 정병욱과 공유했다. 〈또 다른 고향〉, 〈별 헤는 밤〉, 〈참회록〉, 〈간(肝)〉' 등의 주옥같은 시가 둘의 하숙방에서 탄생했던 것이다.

윤동주(좌)와 정병욱(우)

1942년 윤동주가 일본으로 유학을 떠나면서 원고지 첫 장에 '정병욱 형 앞에', '윤동주 정(呈)'이라고 쓰인 육필 원고를 정병욱에게 건넸다. 윤동주가 쓴 세 권의 원고 중 하나를 아끼는 후배이자 벗이었던 정병욱에게 맡긴 것이다. 정병욱은 1944년에 징병을 당했다. 그는 행여 윤동주의 시가 일본인에게 들키게 될까 봐 어머니에게 자신이 돌아올 때까지 숨겨 달라며 간곡히 당부하고 입대하였다.

아들의 애틋한 부탁인지라, 어머니는 윤동주의 원고를 항아리에 담아서 마룻바닥 아래에 묻어두었다. 군 생활을 마친 정병욱이 돌아오자마자 어머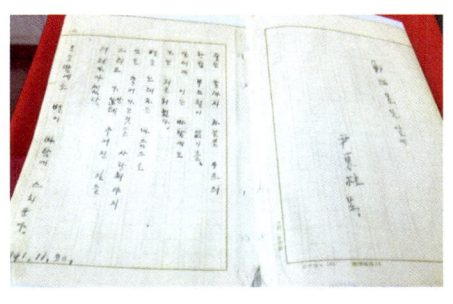니는 보자기에 싸인 원고를 꺼내 주었다. 목숨을 건 정병욱의 애틋

한 우정이 시집 『하늘과 바람과 별과 시』을 세상에 나오게 했던 것이다.

윤동주와 정병욱의 우정은 아름다운 시집 한 권만을 우리에게 남긴 것이 아니다. 자신의 삶만을 최우선으로 여기는 이기적인 현대 사회를 선도하는 매개라고 여겨진다. 우리 지역 미래를 이끌어갈 청소년에게는 올곧은 인간관계와 인간 삶의 올바른 가치를 일깨워 준 인문학적 유산이다.

외망 마을 이병근 어르신과의 만남

외망에서 두 번째로 나이가 많은 이병근 어르신(1936년생, 망덕 출신)을 만났다. 이야기를 나누는 중에 우리 지역 최고의 인문학자인 정병욱과 산본문조(山本文造)라는 일본인 이야기가 필자의 관심을 끌었다. 특히 산본문조에 대한 이야기는 알려지지 않은 내용이라서 문답 형식으로 여기에 소개한다.

필자	정병욱 선생님에 대한 기억이 있으신지요?
어르신	있다마다. 나랑은 나이 차가 10년이 넘어. 고향에 자주 오지는 않았어. 방학 때가 되어야만 볼 수 있었지. 항상 사각모를 쓰고 감색 코트를 입었어. 남자인 내가 봐도 참 멋있었지. 정 박사가 나타나면 동네 청년들이 졸졸 따라다니곤 했어. 내 우상이었지.
필자	비슷한 또래들이 부러워했겠어요.
어르신	정 박사네는 양조장 집이라 부자였어. 그리고 부친(정남섭)이 면

장을 지냈으니 평범한 시골 청년과는 비교도 안 됐지. 그러니 부러워할 대상이 아니었지. 정 박사가 나타나면 크나 작으나 또래들이 그저 졸졸 따라다녔지 뭐. 정 박사는 음악을 좋아했던 것 같아. 고향에 오면 달밤에 기타를 들고 선창가에 나가서 노래를 즐겨 불렀어. 우리도 따라 나가서 노래를 함께 부르곤 했어. 그 모습이 하도 멋져서 청년들도 반할 정도였다니까. 그러니 동네 처자들 애간장깨나 녹았을 거야. 짝사랑이었지. 하하하.

필자　와, 그 시절에 코트에 사각모 쓴 것만도 멋진데, 기타 치고 노래까지라니 정말 멋졌겠어요?

어르신　진짜 멋있었지. 키도 크고 인물도 좋았어. 게다가 공부도 잘했으니 다 갖춘 셈이지. 뭐.

필자　좀 다른 이야기인데요. 예전에 어르신 뵈었을 때 '내 고향 망덕포구'라는 노래 이야기를 하셨어요. 그 이야기 좀 더 들을 수 있을까요?

어르신　아, 우리 큰누님 이야기? 그때 여자들은 학교를 보내지 않았던 시절이었어. 우리 누님이랑 동네 누나 둘만 중학교에 다녔어. 누님은 통통하고 살빛도 고왔지. 지금이랑 달라서 예전에는 통통한 여자가 인기 많았으니까. '내 고향 망덕포구'라는 노래는 누님이랑 연애한 강석우 시인이 작사·작곡한 거야. 강 시인도 기타를 잘 쳤어. 그 시인이 연애편지를 우리 집 종업원 편으로 배달을 시켰는데 아버지가 알게 된 거야. 그래서 난리가 났지. 백부님, 종부님까지 오셔서 문중 회의를 했을 정도였으니까.

필자　아니 시인이면 지식인이고 기타를 칠 정도면 경제적으로도 모자람이 없었을 텐데요.

어르신 강 시인은 그 작은아버지가 뗏목 장사 하는 사업장에 서기였어. 요즘 같으면 경리 비슷한. 그러니 집안에서 야단이 났지. 딴따라 하고 결혼하면 망조(亡兆) 든다고. 그 편지 전달한 종업원도 쫓겨났고, 우리 누님은 아버지가 경상도 청년에게 강제로 시집을 보내 버렸어. 그때 배를 타고 노량으로 가는데 누님이 얼마나 서럽게 울던지. 시집간 뒤로 누님은 한 번도 친정에 안 오고 저세상으로 떠났어.

필자 그럼 시집간 후에 노래가 만들어졌겠군요.

어르신 그렇지. 누님이 시집간 후에 강 시인은 직업군인으로 살았어. 정훈장교까지 지냈고. 군에 가서 노래를 녹음한 테이프를 편지랑 함께 보내왔었지. 그 노래는 길거리에 다니는 어린아이도 다 외워 부를 정도로 유명했어. 후에 진월면장이 나에게 그 노래 아냐고 연락해 왔더라고. 내가 면사무소 숙직실에서 부르고 녹음해서 서울로 보냈고. 연애 사연도 이야기해 줬어. 그런데 지금 선소 앞동산에 세워진 노래비 내용은 좀 틀려. 강 시인은 하늘나라로 갔지만 전어 축제 때마다 노래를 틀어 주었어. 임진왜란 당시 광양현감을 지낸 어영담(魚泳潭) 장군 관련한 사진 전시회도 함께. 그런데 작년에는 하지 않더라고. 계속 이어지면 좋을 텐데 말이야.

오후 세 시에 '동주 카페'에서 어르신을 만났다. 저녁 여섯 시까지 이야기를 듣다가 저녁 밥때가 되어 '풍성 횟집'으로 자리를 옮겼다. '쫄복지리탕'을 먹으며 계속하여 이야기를 나누었다. 몇 날 며칠을 들어도 부족할 정도로 숨겨진 이야기가 많았다. 특히 정병욱 선생님의 청년 시절과 강석우 시인의 연애 이야기는 헤어진 다음에도 뇌리에 맴돌았다.

산본문조는 누구인가?

산본문조시혜비망비

어르신   산본문조는 광양에서 장어, 백합, 김, 자라 등을 모아 일본으로 가져가서 팔았어. 그리고 일본에서 석유와 여러 생필품을 수급해 와서는 광양에서 팔았지. 망덕에 일본 할머니 둘이 운영하는 상점이 있었거든. 석유도 큰 통으로 싣고 와서 사람들에게 팔았어.

필자   그럼 일본인이면서 광양에서 나는 귀한 식재료로 돈벌이를 한 셈이군요.

어르신   꼭 그렇지만은 않았어. 장어를 잡으려면 어선(漁船)이 필요했는데 배가 없잖아? 그때 산본문조가 사람들에게 배를 만들어서 다 공짜로 줬어.

필자   그럼 우리 지역민들이 잡아 온 어물들을 다 갈취해서 돈벌이를 한 건가요?

어르신   아니지. 돈을 주고 사서 한 달에 한 번씩 일본으로 가져가서 팔았지. 그리고 망덕 사람들에게만 배를 만들어 준 게 아니었어. 인근에 사는 사람들까지 다 배를 만들어 주었지. 갈사리, 노량, 태인도, 금호도 등. 사람들은 장어를 잡으려고 낙동강, 군산, 목포, 강진, 당진에까지 다녔어. 그래서 벌교에 장어 저장하는 큰 배를 두었지. 거리가 너무 멀어서 장어가 죽을 수도 있으니까. 중간 지점인 벌교에 저장했다가 다시 망덕으로 가져오곤 했어.

필자　그 많은 배를 제작한 나무는 어떻게 수급하였나요?

어르신　많은 양의 나무를 육로로 실어 나를 수 없는 시절이었지. 그래서 구례나 곡성 등지에서 뗏목을 만들어 나무를 싣고 왔어. 그걸로 집도 짓고 배도 만들고. 수몰 지역이라고 폐허가 된 우리 집 앞이 나무 재어 놓는 곳이었어. 지금 동주 카페가 들어선 곳도 나무 재어 놓았던 곳이고. 인근 지역에서 유일하게 망덕에서만 김 열리는 섶도 팔고 그 외 여러 나무를 매매할 수 있었어. 사람들이 판로를 모르던 시절이었으니까.

필자　자라도 팔았다고요? 망덕 앞바다에서 자라가 살았나요?

어르신　예전에는 망덕 앞바다가 강이었어. 그래서 재첩이랑 자라를 많이 잡았지. 그런데 제철소가 건립되고 난 후에는 점점 짠물이 되어 버렸지. 지금은 하동 송림까지도 바닷물이 올라가서 숭어랑 전어가 팔딱이며 춤을 춘다니까. 참내.

필자　그럼 산본문조가 그때 돈을 많이 벌었겠군요.

어르신　망덕은 광양제철소가 건립된 후에 천지개벽이 일어났어. 그래서 망덕 천지가 공원이고 유원지가 되었지. 예전에는 마을 사람들이 함께 어울릴 만한 장소가 없을 정도로 좁은 어촌이었어. 그래서 마을 행사가 있거나 철 좋을 때 쉬려면 음식을 챙겨서 망덕산 중턱에 있는 서재골까지 가서 춤추고 노래하며 놀았다니까. 그때 산본문조가 돈을 얼마나 많이 벌었던지 마을 사람들이 지어 불렀던 노래가 있었어. 들어볼래요?

망덕에 산본아 돈 자랑 말아라

장어 배 떠나가면 너도나도 마찬가지

산본문조는 큰 라디오를 가지고 다녔어. 배에서 안테나를 높이 세워서 일기예보를 듣더라고. 그리고 기계배(모터)로 하동에 있는 은행에 나다녔어. 산본문조가 일본에서 가져다 팔았던 석유를 우리는 '왜 기름'이라고 칭했지. 일본에서 가져온 기름이니까 '왜 기름'. 그걸 종지에 붓고 심지를 심어 어둠을 밝히곤 했지. 그러니까 초롱불, 등잔불 등은 다 '왜 기름'을 써서 불을 밝혔던 거야.

외망 동쪽은 수몰지구여서 집을 모두 철거하고 주차장을 만들었다.

위의 사진은 외망의 최 동편(東便)으로 어르신이 본래 살았던 옛 마을 전경이다. 저곳에서 어르신은 철공소를 운영했다고 한다. 전기가 없었기에 발동기를 돌려서 용접했다. 종업원을 여럿 두고 '신흥철공소'를 운영했는데 사람들은 철공소를 '성냥간'이라고 불렀단다.

당시 광양에는 철공소가 두 군데 있었는데 광양읍과 이곳 망덕이었다. 이후 철공소를 접고 크레인을 사서 모래 채취 사업을 하였는데 어르신 나이 마흔다섯에 갑부 소리를 들었다고 한다. 그래서 모교인 진월초등학교에 '이순신 장군 동상'과 '어린이 독서 상'을 세워주는 등 지역에 환원 사업도 많이 했다 한다.

산본문조 비

'산본문조시혜비망비'는 어르신 옛 집터에 뉘어져 있었다. 수해로 쓰러져 있는 것을 어르신이 옮겨놓았다고 한다. 일본인과 관련되었다고, 폄하하지 말고 역사적인 이야기를 간직한 비인 만큼 다시 본래의 자리에 세워지기를 바란다고 하였다.

산본문조는 당시 망덕산 부근에 만 평의 땅을 소유하였다. 그 땅 중 5천 평은 공개 입찰하였는데 어르신이 사들였다고 한다. 나머지 땅은 국유지로 국가에 귀속되었다. 사람들은 산본문조의 땅을 어르신이 무상으로 가져간 것으로 오해했단다. 그때 어르신이 사들이지 않았다면 5천 평마저도 국유지가 되었을 거라고 했다. 개인 사유지이긴 하지만 망덕의 자산으로 남게 된 것이 다행이라고 여겨졌다. 앞에서 언급하였듯이 지금은 마을이 사라지고 대부분이 주차장으로 변했다. 어르신은 옛 집터와 마을이 사라진 것을 매우 안타까워했다. 옛 마을 사진을 주변에 설치하여 추억을 공유하면 좋겠다고 여겨진다.

망덕포구 아리랑

백두대간 끝자락 망덕산 아래엔

섬진강 끌어안은 유구한 광양만(光陽灣)

전어랑 숭어랑 문절구랑 깔따구랑

폴딱폴딱 뛰어올라 깨춤을 추고

먹을거리 넘쳐나고 멋진 풍광 자랑하는

다리가 놓이기 전 망덕포구와 배알도

광양8포 중에 으뜸가는 망덕포구

억만금을 준다 해도 살 수 없는 곳

아리랑 아라리요 망덕포구 아리리요

선소마을 언저리 지날라치면

고운 님 노랫말 적은 시비 아래로

임진왜란 때 전선(戰船) 만들었던

선소와 수군기지(戌軍基地)

옛 전어잡이 배와 마을 사람들

《임진장장壬辰狀章》에 유일하게 기록되어

조선 후기까지 선소 역할 이어지던 곳

하필 왜 선소를 망덕에 만들었을까

해안선이 내륙으로 깊숙하게 뻗어있고

산이 많아 나무 구하기에 손색 없어서였지

섬진강과 광양만은 교통 요충지였고

선소 기능 조건으로 최고였던 망덕포구

아리랑 아라리요 망덕포구 아리리요

선소 옆 야산 아래엔 윤동주 시비 동산

1950년도 전어배와 귀성객들

오가는 이들 저마다 시심에 빠졌다가

선소를 휘돌아 나와 바닷길을 따라가면

만물코너 인산인해 섬진강휴게소

봄날이면 휴게소 뒷길로 벚꽃이 휘날리고

유유히 흐르는 해변 따라 걸어봐

노을마저 드리우는 진풍경을 벗 삼아

꽃잎 안주에 막걸리 한 잔 들이킬라치면

어디선가 아주머니들 노랫소리 들려오고

이거 좀 사시오 진짜 맛나 싸게 줄게

철문 사이로 가시덤불 같은 손 내밀어

손사래 해대는 광포 아지매들

관광객들 마지못해 주머니에 손을 넣을 수밖에

아리랑 아라리요 망덕포구 아라리요

망덕포구 끝자락 청룡식당 와상(臥床)엔

사시사철 손님들이 즐비하게 둘러앉아

진풍경 즐기며 재첩회랑 재첩국에

밥 비비고 말아서 게 눈 감추듯 먹어치우고

아리랑 아라리요 망덕포구 아라리요

배 불리고 갯내음 따라가다 발길 멈추면

전어축제장 등나무 다리 외길이 끝나고

배알도 건너엔 백사장이 반짝반짝

배알도횟집 나루터횟집 망덕횟집 남해횟집

용궁횟집 백운횟집 풍성횟집 한려횟집

다양한 이름 갖고 들어선 식당들

전어구이 전어회 백합국 백합구이

벚굴구이 벚굴찜 벚굴죽 벚굴전

그 맛을 보기 위해 관광객들 줄지어 서고

선비 아낙 할 것 없이 체면도 불사하는

아름다운 망덕포구 먹거리도 풍년이고

기다리다 먹는 재미도 재미 중에 최고지

21세기 초 망덕포구

초가을이면 전어잡이 축제가 사람들을 부르네

노 젓는 소리 그물 내리는 소리

그물 당기는 소리 가래질 소리

만선 긴소리 도부꾼 퍼주는 가래질 소리

여섯 가락 이어지면

전어잡이 노래로 흥이 난 관광객들

가족 친구 연인들 손에 손 마주 잡고

아름다운 망덕포구 축제 내내 줄 이으니

망덕으로 소풍 온 진상중학교 1회생들

도망간 며느리도 그 맛 못 잊어 돌아온다네

아리랑 아라리요 망덕포구 아라리요

섬진강 망덕산 배알도 가슴에 품고

망덕포구 가슴에 두 눈 가득가득 채워 가소

한국 최고의 K-우정 자랑하는 곳

윤동주의 유고 시집 세상에 알려준

정병욱 가옥에 마루 안을 들여다보니

목숨 걸고 아들 부탁 들어준 어머니

윤동주 육필원고 숨겨두었던 마루

그 아들은 친구 위해 위험을 무릅쓰고

윤동주 육필 원고 지켜낸 흔적 남았네

서로서로 아끼고 존중하며 살아가라는

무언의 가르침을 행동으로 보여준

모자(母子)의 사랑 또한 세상에 으뜸이어라

아 망덕포구 한국 최고의 K-우정

우리네 아이들에게 귀한 유산으로 남으리라

아리랑 아라리요 망덕포구 아라리요

글·사진 백숙아

아름다운 망덕포구,
유서 깊은 외망 II

내망 쪽에서 바라본 망덕산 전경(사진 김종현)

　망덕에 사는 옛 지역민들은 망덕의 이름을 '망뎅이', '망댕이' 등으로 불렀다. 망을 보기 딱 좋은 위치에 있는 마을이라는 뜻이 담겨 있다. 망덕은 섬진강을 따라 다압의 옛 섬진진, 구례, 곡성으로 가는 길목이었다. 특히 남해 쪽으로 뻗어있는 물길이 한눈에 들어오기에 망보기에 안성맞춤이다. 『광양시지』 제4권 마을이야기 편을 보면, 망뎅이를 한자로 표기하면서 유교적 관념을 반영하여 망덕(望德)

으로 쓰게 되었다고 한다. 외망은 망덕산을 기준으로 바깥쪽에 위치하여 외망이라는 이름을 갖게 된 것이다.

반구정(伴鷗亭)에서

　망덕산에 올라가 보면 위의 내용을 이해할 수 있다. 외망 바로 옆 선소 마을에 사는 이수영 씨와 함께 망덕산에 올랐다. 찬바람이 세차게 불어와 목표한 바를 성취할 수 있을지 걱정이었다. 그런데 막상 산에 오르니 겨울나무들이 감싸주어 춥지 않았다. 어쩌면 우리의 바람이 커서 추위를 이겨낸 건지도 모르겠다.

멀리서도 한눈에 들어오는 반구정

　주차장에서 100미터쯤 오르자 오른편에 정자가 있었다. '반구정'이라는 현판이 보였다. 정자에 어울리지 않는 글씨가 거슬렸다. 광양 문화 도시센터에서 정자 현판 붙이기 사업을 한 적이 있었는데 아무래도 그때 획일적으로 붙여진 것 같았다. 옛 현판이 있었을 텐데 어떻게 버려졌는지 걱정이 되었다. '온고지신(溫故知新)'이라는 고사성어가 떠올랐다. 새롭게 단장하는 것 못지않게 예스러움을 간직하는 일 또한 중요하리라. 틈을 내어 옛 현판을 찾아봐야겠다고 생각하였다.

『광양시지』에 따르면 반구정(伴鷗亭)은 현의 동쪽 50리 망덕산(望德山, 진월면 망덕리) 정상에 부호군(副護軍) 이채한(李採漢)이 모옥(茅屋)을 지은 것이다.[2] 강호(江湖)와 도서(島嶼)를 한눈에 내려다볼 수 있다는 곳이다. 경치가 아름답고 암석과 화림의 풍치 또한 기묘하다. 반구정이란 이름은 이채한의 호이며 그의 본관은 전주이다. 이채한은 영조(英祖) 때에 일어난 '정희량(鄭希亮)의 난'(1728년)의 화가 순천까지 미치자 사위인 상호군 송흠명(宋欽明), 향중사림 서명팔(徐明八) 등과 함께 의병을 모아 난을 평정시키는 데에 공을 세워 부호군을 제수받았다. 반구정 관련 내용은 광양향교에서 1938년에 간행한 시문선집 『희양문헌집(曦陽文獻集)』[3]에 수록되어 있다.[4] 고풍스러운 자태를 간직한 반구정을 뒤로 하고 다시 산을 향하여 걸음을 옮겼다.

---

2) 현재 위치의 반구정은 정자를 지어놓고 없어진 정자 이름을 붙인 것이라고 한다. 반구정의 본래 위치를 『광양시지』·『광양군지』 등에는 망덕산 정상이라고 쓰여 있다. 이수영 씨는 반구정이 신사 터 위의 묘지들이 들어선 구역에 있었을 것으로 추측한다고 했다.
3) 희양문헌집(曦陽文獻集): 편·저자는 박종모, 조양제, 박종범이며 원집과 별집으로 구성되어 있다. 원집은 광양 출신 인물의 시문을 모은 것이고, 별집은 광양에 관계된 타지 인물의 시문을 수록한 것이다. 문체별·시대별로 편집하였다. 한국정신문화연구원, 『한국민족문화대백과사전』, 웅진출판사, 1997.
4) 광양학연구소, 『광양의 정자와 우산각 이야기』, 2023.

신사 터와 망덕 시장

신사 터에 남아 있는 깃대 꽂이와 빈터

 반구정을 지나 도착한 곳은 일제 때 건축했다는 신사(神社じんじゃ) 터였다. 신사는 일본 민속신앙 신토(神道)의 신을 모시는 종교 시설이다. 빈터지만 전망이 좋고 아늑한 느낌을 주었다. 정병욱 가옥의 주인인 박춘식 씨(69세)는 "시골에 신사가 있기 힘든데 섬진강이 중요한 거점이었기 때문에 세워진 것 같아."라고 하였다. 빈터는 비교적 깔끔하게 정리되어 예쁜 찻집이 생기면 좋겠다는 생각이 들었다.

신사 터에서 내려다보이는 수몰 지역 빈터와 선소, 그리고 무접섬

신사 터에서 내려다보이는 섬진강 지류와 수몰 지역으로 분류되어 뜯겨버린 옛 장터가 한눈에 들어왔다. "부산에서 망덕까지 다니던 화물선이 포구에 닿으면 돼지가 꽥꽥 울어대는 바람에 잠을 깨기도 했어요. 그 시절에 망덕 시장은 대단했지요. 내가 어릴 적만 하여도 별의별 물건을 갖다 팔았으니까요." 이수영 씨가 그 시절을 회상하며 말했다. 신사 터에서 바라다보이는 바다 가운데 모래섬이 드러나 있었다. "예전에는 저 모래등 위에 달래가 엄청 많았어요. 마을 사람들이 뜯어다 팔 정도였지요. 그런데 지금은 물이 짜져서 달래가 다 죽어버리고 없어요. 모래섬이 참 예쁘죠?"

신사 터에서 바라다보이는 띠밭

망덕은 동북아 물류 항구 역할을 했던 곳이다. 부산, 노량, 남해, 하동 등 많은 지역에서 화물선이 오갔다. 당시에는 육로로 짐을 나르기가 힘들었기 때문에 대부분 바다를 이용하였다.

천자봉조혈(天子奉朝穴)의 명당

신사 터를 뒤로 하고 산에 오르다 보니 묘지들이 즐비하게 나타났다. "무슨 묘들이 이렇게 많아요?"라고 물었다. 이수영 씨는 혀를 차며 말했다. "망덕산이 천자봉조혈의 명산이라고 소문이 난 덕분이랍니다. 명산이라고 알려지자 돈 많은 외지인들이 투기로 땅을 사들여 왕릉을 연상케 하는 묘를 쓰곤 했다지요. 이 산도 수명을 다했는지 지금은 묘 주인들이 있나 싶을 정도로 엉망이에요. 시체만 파가고 반쯤 남아 있는 묘도 있고, 관리가 안 되어 엉망인 묘도 있고……."

군집해 있는 묘지

햇볕이 따사롭게 비추어 주는 좋은 위치에 들어선 묘의 주인이 있는 건지. 이장한 흔적이 보이기도 하고, 관리하지 않아 방치된 묘도 있었다. 재미있는 것은 광양만의 아름다운 경관이 한눈에 들어온다는 점이다. 그런데 이런 묘지들이 산을 오르내리는 사람들의 눈살을 찌푸리게 할 수 있다는 생각이 들었다. 지자체와 관련 단체에서 관심을 갖고 들여다볼 필요가 있다고 여겨지는 부분이다. 광양시에서 곧 망덕포구 개발 사업을 진행할 것으로 예측된다. 망덕포구와 망덕산을 함께 단장하면 어떨까? 묘지는 시립묘지로 이장하고 주변을 정리하여 맨발걷기 길을 조성하여도 좋을 것이다. 아쉬움을 뒤로 하고 다시 산을 향하여 걸어 올라갔다.

망덕산의 유서 깊은 서당(書堂)·한약방·광덕암(光德庵)

망덕산 중턱에 오르자 널찍한 터가 보였다. 집터로 보기에는 꽤 규모가 컸다. 어떤 장소인지 궁금했다. 이수영 씨가 필자의 마음을 들여다보기라도 한 듯 말문을 열었다.

"이곳은 강처중(姜處中, 1881~미상)이 할아버지의 대를 이어 3대째 운영했던 서당 터예요. 당시에는 교육을 할 만한 장소가 없었기 때문에 15세에서 20세가량의 마을 청소년들이 이곳에 와서 공부했다고 합니다. 강처중은 사재(私財)를 털어서 서당을 지었으며, 학비도 받지 않았다고 합니다. 한 해에 20~30명을 배출하였다고 하니 지역민에게 교육으로 민족 계몽 운동을 한 셈이죠."

망덕산은 지도의 맨 아래쪽에서 찾을 수 있다. 망덕산 옆에는 상사암(相思庵)이 표기되어 있다. 상사암은 조선시대에 있었던 암자이다. 이수영 씨가 세웠다는 표지판 글에는 이렇게 쓰여 있다. '1940년 대에 상사암이 폐찰되고 광덕암이 들어서게 되었다. 광덕암은 조부로부터 3대째 서당을 운영하던 강처중 훈장이 건물을 시주하고, 흥덕·영광 군수를 지냈던 김상기가 대지를 희사하여 상사암 옛터인 이곳에 광덕암을 새로 세운 것이다. 당시 주지는 임 씨이며, 1965년 즈음에 서당이 문을 닫으면서 폐찰된 것으로 보인다. 서당은 광덕암과 함께 있었던 것으로 추정된다.'

서당과 절이 있던 터, 언덕에 있는 우람한 나무, 동백림 앞에 자리한 은행나무

이곳에서 강처중은 한약방을 함께 운영했다. 여기에 샘은 두 군데 있는데, 동백림 기슭의 샘 둑에는 소원을 빌었던 흔적으로 보이는 촛농이 남아 있었다. 명산이라고 알려진 곳에 있는 절이라서인지 많은 사람이 찾아와 소원을 빌었던 것으로 추정된다. 지금은 누군가가 이 옹달샘에 호스를 묻어 물을 쓰는 것으로 보였다.

빈터 가운데 있는 우산각 아래 샘에서는 지금도 물이 나온다. 빈터 주변에는 동백림이 둘러져 있어 오래전에는 절터였다는 것을 직감적으로 알 수 있다. 이곳에서 수많은 청소년들이 숙식하며 공부했다니 가슴이 뭉클해졌다.

여기서는 두 가지 문화 콘텐츠를 개발할 수 있다. 하나는 서당과 절을 복원하여 청소년들의 체험학습장이나 관광코스로 개발하는 것이고, 또 하나는 언덕 아래에 있는 나무를 보호수로 지정하는 일이다. 나무는 성인 서너 명이 안아도 될 만큼 우람했다.

볕이 잘 드는 빈터 가장자리에 벤치가 놓여 있었다. 우리는 그곳에 앉아서 다과를 즐겼다. 빈터로 남겨두지 말고 모든 시민과 관광객들이 찾는 명소로 만들면 어떨까를 궁리했다. 개인이 아무리 좋은 생각을 갖고 있고, 문화 콘텐츠산업 개발을 꿈꾼다 해도 지자체에서 무심하면 허상(虛想)에 불과할 뿐이다. 바쁜 시간을 쪼개어 유적지를 탐방하고 신문에 연재한 후 책으로 출판하기까지 많은 인문학자들이 시간을 할애하고 심신의 고통을 감내한다. 오늘 이 탐방도 허상에 그치지 않기를 소망하면서 망루를 찾아 나섰다.

망덕산의 망루(望樓)와 강처중이 남긴 고문헌

현대 사회에서 개발하는 형태는 대부분 겉치장을 중요시한다. 마을마다 정체성을 상징하는 자원이 산재해 있는데도 천대받기 쉬운 게 문화재들이다. 문화재로 지정되지 않은 자원들은 그야말로 나무덤불 속에 묻혀 사람들의 기억 속에서 사라지고 말 것이다. 망덕산 초입부터 정상까지 오르다 보면 이러한 문제가 속속 드러난다. 망루도 그 일부에 속한다.

망루(望樓, watchtower)를 사전적인 의미로 찾아보면, 방어용 혹은 감시용으로 지어진 가설 또는 상설 건물이라고 풀이되어 있다. 세계의 많은 지역에서 사용되는 일종의 요새이다. 주요 용도가 군사적이라는 점에서 일반 타워와 다르고 독립 구조라는 점에서 포탑과 다르다. 주요 목적은 파수꾼이나 경비원이 주변 지역을 관찰할 수 있는 높고 안전한 장소를 제공하는 것이다. 경우에 따라 종교 탑과 같은 비군사 탑도 망루로 사용될 수 있다.[5]

망덕산 중턱 아래에 자리한 망루(사진 이수영)

망덕산 하부에 있는 망루도 사전적 의미와 다르지 않다. 망덕이라는 지명과도 관계가 있다. 예전에는 무접섬이나 망덕이 모두 섬이었다. 대부분의 도서 지방에 있는 섬에는 외부 침임을 감시하는 역할을 하는 망루가 있다. 필자가 살았던 금호도와 태인도에도 망루가 있었다. 망덕에 신이리 보루가 있는 것도 같은 맥락에서다. 망덕산은 신이리 보루와 마주하고 있다. 양 날개를 펼치듯 동쪽과 서쪽에 망루를 만들어서 지역민의 삶을 보호하는 파수 역할을 톡톡히 해

---

5) 다음 백과, https://dic.daum.net/word/view.do?wordid=kkw000083756&supid=kku000103879.

냈다.

망덕산 둘레를 한 바퀴 돌아 내려오는데 계단이 죽 이어졌다. 한 계단씩 조심히 내려왔다. 이수영 씨는 서당 훈장이었던 강처중의 후손인 강영순 씨 집으로 필자를 안내했다. 강영순 씨는 나이 87세로 잘 들리지 않는다며 보청기를 찾아 끼운 후 거실로 필자를 안내했다. 강처중 선생이 손수 써서 만든 교재와 한약 처방책을 보여주었다.

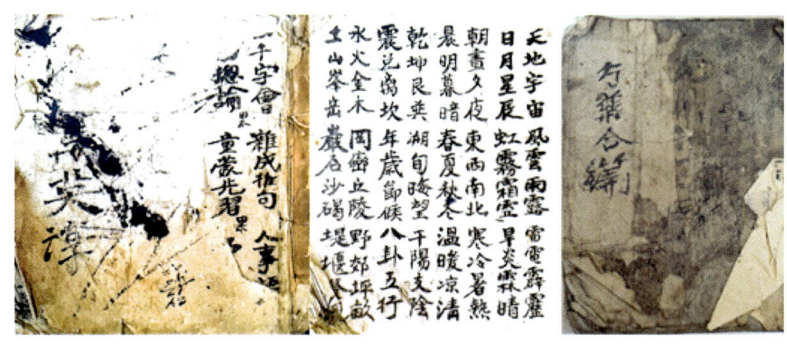

강처중이 가르쳤던 교재의 표지와 자필로 썼다는 교재 내용, 그리고 한약 처방책(사진 이수영)

이 자료들은 이미 낡고 훼손된 데다 일부는 찢겨 없어진 부분도 있었다. 필자는 강영순 씨에게 자료를 온전히 보관될 수 있는 기관으로 기탁을 하라고 권유했다. 광양 지역 원로들을 찾아가 보면 많은 자료가 이렇게 훼손되어 가고 있는 것을 보게 된다. 내년부터 문화원이 신축된다고 하니 장서실이 만들어져서 이런 자료들을 기탁받아서 연구자들이 아무 때나 자료를 열람하고 후손들에게 문화유산으로 길이길이 남겨지길 기대한다.

서당·광덕사·한약방 빈터에 남아 있는 비문들

서당·광덕사·한약방 빈터에 남아 있는 비문의 내용을 사진 순으로 번역하면 다음과 같다.

昭和十五年四月八日 소화15년 4월 8일

菩薩 鄭萬德 보살 정만덕

恩津及靈光郡守 金商基 垈地施主 古齋主僉使公五世 姜處中 建物施主

光德菴 僧侶 林圭

은진 및 영광군수 김상기 대지시주 고재주첨사공오세 강처중 건물 시주

광덕암 승려 임규

德山高出海東邊(덕산고출해동변) 해동에서 덕산이 높이 솟아올라

絶勝聲名百世傳(절승성명백세전) 절경이란 명성이 백세에 전해온다

萬里風煙難盡得(만리풍연난진득) 만리에 펼친 풍연 모두 만나기 어려워

浪吟詩句發天然(랑음시구발천연) 시구를 지어 천연한 모습을 드러낸다.

丙子八月 日 姜大榮 磻溪 병자년 8월 일 강대영 반계

광양의 어업권을 관장했던 광양해태어업조합이 망덕에?

　광양은 80년대 초반까지 김을 생산하여 경제적 수익을 이끌었다. 김의 역사를 간략하게 소개하면 다음과 같다. 김여익(金汝瀷) 어부가 어느 해(1642년 경) 겨울날 섬진강 하구에 있는 배알도 해안으로 떠내려온 밤나무 가지에 이름 모를 해조(海藻)가 부착된 것을 발견하였다. 이것을 채취하여 시식해 보았더니 풍미가 뛰어났다. 이듬해인 1643년 경에 현재 광양제철소 부지에 편입되어 사라진 애기섬(兒島) 주변에 율신(栗薪: 밤나무 섶)과 죽림을 이용한 원시적인 건홍(建篊) 방법으로 김 양식에 성공하였다. 이것이 우리나라 김 양식업의 효시라고 알려져 오고 있다.

　이렇게 만들어진 김을 임금에게 진상하였다. 임금 왈, "김 씨가 발명한 것이니 '김'이라고 하여라."라고 하여 그때부터 김이라고 불렀다 한다. 김 생산은 이렇게 시작되어 오늘날까지 영양분과 맛이 으뜸이어서 인기 있는 식재료로 각광받고 있다.[6] 최근에는 K-푸드의 열풍을 타고 우리나라뿐 아니라 전 세계인의 입맛을 사로잡고 있다.

　아래의 사진은 1933년에 찍은 것이다. 사진 하단의 글자는 '天草增殖投石實況 於朝林面食浦里 8.3月(천초증식투석실황 어조림면식포리 8.3월)'이다. 천초(天草)는 천연해초(天然海草)의 줄임말로 바다에서 나는 해초를 가리키는 말이다. 왼편 사진은 '석태(石苔: 돌김)' 증식을 위해 바다에 돌을 던지는 작업을 할 때 촬영한 것이다.

---

6)　김옥현, 『광양 김시식지』, 홍익기획, 2008, 52쪽.

석태(石苔, 돌김) 증식을 위해 바다에 돌을 던져 넣는 모습,
광양 해태 어업조합과조합원(사진 이수영)

　8.3月은 소화 8년(1933년) 8월을 말한다. 광양 해태 조합원들이 배를 타고 남해 식포리까지 가서 돌김 양식을 전파하였다고 한다. 이는 당시에 광양의 자긍심을 높였던 역사적 사실이라고 할 수 있다(사진과 글 이수영 제공).

　망덕에는 광양의 어업을 관장했던 광양 해태 어업조합이 있었다. 1925년에 선소 마을에 있었는데, 훗날 외망으로 옮겨졌다. 광양 해태 어업조합이 있던 자리에 지금은 백운횟집이 들어섰다. 관사는 아래 사진 속 정자나무 뒤편으로 보이는 광양횟집 자리에 있었다. 광양 해태 어업조합은 당시 인근에서 채취·생산 되었던 김을 수합하여 수출·판매하는 역할을 했다.

광양 해태 어업조합 관사가 있었던 광양횟집과 당산나무, 조합 자리에 들어선 백운횟집

이전의 기고문에서 언급하였듯이 망덕포구는 동북아 물류센터 역할을 했던 곳임을 알 수 있다.

당산나무는 진월면 망덕리 28번지에 위치한 팽나무이다. 나무의 수령은 5백여 년에 달하며 보호수로 지정(15-5-6-1)·관리되고 있다. 허리가 심하게 굽었으며 제 몸을 지탱하기 힘들게 보인다. 당산나무는 대부분 마을의 중심부에 위치하여 그 고장의 역사를 가늠케 해준다. 유독 힘들어 보이는 나무 주변을 한참 동안 살펴보았다. 사람이든 사물이든 생명은 세월 앞에 장사가 없다는 말을 새삼 되새겨 보면서.

현재 광양 해태 어업조합과 관사가 있던 곳은 망덕 상권의 중심부에 속한다. 농촌에 귀농(歸農)하는 농부들이 있다면, 도시에는 귀상(歸商)하는 상인들이 있다. 망덕에는 한때 원주민들이 대부분의 횟집을 운영하였다. 그런데 수몰지구가 헐리고 난 후에 횟집 주인이었던 원주민이 이사하였다. 지금은 다섯 곳 정도만 토박이 지역민이 운영하고, 대부분 외지에서 이사 온 사람들이 횟집을 운영하고 있다. 누가 상권을 이끌어가든 유서 깊은 망덕의 역사를 새기며 번창하길 간절히 바란다.

외망회관과 옛 망덕다방 전경

외망회관은 깔끔하게 지어진 현대식 건물이다. 마을회관 뒤편의 옹벽은 침수 피해를 막기 위하여 만들어진 옹벽이라고 한다. 하지만 전체적인 망덕의 정서에 어울리지 않아 보인다. 선소 마을 쪽에서 망덕을 바라다보면 거대한 콘크리트 벽이 흉하다는 생각까지 들 정도이다. 덩굴식물을 이용하여 주변 환경과 어울리도록 개선하기를 제안한다.

망덕다방은 수몰지구가 헐리면서 함께 사라졌다. 하동, 노량, 부산 등지에서 망덕으로 오가던 화물선 선착장 중심부에 자리하고 있었다. 한때 지역의 소통 창구이자, 망덕을 찾아왔던 수많은 사람들에게 휴식처가 되어 주었다. 현재 망덕에는 〈동주 카페〉, 〈카페 테라스〉 등 현대식 다방들이 그 역할을 대신하고 있다.

외망의 입구이자 끄트머리에는 〈진남루〉라는 정자가 있다. 그 정자 옆에는 처음 연재했던 내용에 있었던 '내 고향 망덕포구' 노래비가 서 있다. 노래비 내용은 아름다운 연애사와 고향을 읊었다. 세월이 흘러도 역사는 유구하다는 말이 실감 난다. 수십 년이 지나도 노랫말이 시비에 새겨지고 악보가 전해오고 있어서 참 다행이라는 생각을 하면서 발걸음을 옮겼다.

진남루, 내 고향 망덕포구 노래비와 악보

내 고향 망덕포구

강석우 작사·작곡

내 고향 망덕포구 꽃피는 마을
울고 웃던 그 시절이 하도 그리워
허둥지둥 봄바람에 찾아왔건만
임은 가고 뒷동산에 동백꽃 진다

내 고향 망덕포구 새우는 마을
떠난 그 사람이 하도 그리워
가슴이 메어졌소 해 저문 선창
임은 가고 강언덕에 물새만 운다

글·사진 백숙아

천자봉조혈을 품은
망덕산 남쪽 마을 내망

망덕산 안쪽에 위치한 내망

내망은 450여 년 전 인천 채씨(仁川蔡氏)가 처음 입촌하여 마을을 형성하였다고 전한다. 마을 이름은 '망뎅이, 망덱이'에서 연유되었으며, 망덕산 안쪽에 위치하여 내망(內望) 또는 '안망덱이'라고 부른다. 본래 광양현 동면(東面) 진하리(津下里)로 추정되며 1700년대 초기 이후에

내망 회관 전경

는 진하면에 속하였다. 1789년경에는 진하면 덕망촌(德望村) 지역이었으며, 1872년 왕명으로 제작한 광양현 지도에는 '망촌'으로 표기되었다. 1912년 행정구역 개편 이전에는 진하면 내망리라고 하였다. 1914년에 진하면과 월포면(月浦面)을 통합, 진월면이 되면서 진하면의 장재, 내망, 외망, 구룡 등이 병합되어 진월면 망덕리에 속하게 되었다. 1987년 1월 1일 기준 광양군 행정구역 일람에 의하면 광양군 진월면 망덕리 망덕 2구가 되어 내망이라고 하였다. 현재는 광양시 진월면 망덕리에 속하여 행정리상 내망이라고 한다.[7]

  내망은 망덕산 안쪽에 자리한 아담한 마을이다. 진월 톨게이트에서 나오면 도로 건너편에 자리하고 있다. 섬진강 교회 전도사로 있었던 깨댕이 친구에게 마을 소개를 부탁했다. 친구(김정이, 64세)는 내망 마을로 시집가서 스물여덟에 남편을 잃고 아들딸 둘을 키우며 살았다. 아이들이 대학을 졸업한 후에 목회자의 길을 택하였고, 섬진강 교회에서 전도사로 활동하였다. 지금은 광영에 홀로 계신 노모를 돌보며 내망 본가에는 일주일에 한두 번씩 오가며 지낸다. 내망의 총 가구 수는 35호이며 70여 명의 주민이 살고 있다. 친구에게 제일 먼저 소개받은 분은 채충환 목사님(75세)이다.

채 장군은 어떤 사람인가?

  채충환 목사님은 우리 지역에서 '채 장군'으로 소문난 청허 채구연

---

7) 『광양 김시식지』, 777쪽.

(聽虛 蔡九淵 또는 龜淵, 1528~1592) 의사(義士)의 후손이다. 친구가 목사님께 전화를 드렸더니 마을회관에서 만나면 좋겠다고 하였다. 채 장군 이야기를 꺼내자 목사님은 대답하기를 꺼려했다. 그동안 많은 사람들이 다녀간 듯했다. 다행히 2023년도에 문화원 부탁으로 광양설화를 채록하면서 뵈었던 적이 있었기에 소통이 수월했다. 목사님이 채 장군 묘에 올라가 보자고 제안했다. 마을 뒷산 쪽으로 따라오라며 오토바이를 타고 씽씽 달려 가버렸다. 마을 뒤쪽 언덕배기를 따라 한참 올라갔다. 공동묘지처럼 보이는 무덤들이 나타났다. 인기척이라고는 하나도 없어 무서움증이 몰려왔다.

"목사님! 목사님!"

한참 동안 불렀으나 대답이 없었다. 이왕에 왔으니 끝까지 찾아보겠다고 마음먹었다. 야산 쪽으로 더 올라갔더니 움막이 나타났다. 다시 목청을 높여 목사님을 불렀다.

"이쪽이요, 이쪽."

목사님 목소리를 좇아 귀를 기울였다. 채 장군의 묘는 바로 움막 아래쪽에 있었다. 목사님은 묻지 않았는데도 채 장군에 대하여 설명을 해주었다.

"할아버지는 밀양부사를 지냈어요. 임진왜란 때 전투에 참전하여 많은 활약을 하셨어요. 그런데 밀양성 전투에서 순절하고 말았어요. 할아버지의 묘는 밀양에 있었는데 후손들이 고향인 이곳으로 모셔 왔어요. 할아버지 묘 아래에 있는 작은 무덤들은 할아버지를 추종하던

채구연 의사의 묘와 부하들의 묘

부하들의 묘를 부장한 거예요."

묘지는 비교적 잘 관리되어 있었다. 묘비에는 '밀양부사채공구연 묘비명(密陽府使蔡公九淵墓碑銘)'이라는 글이 새겨져 있었다. 목사님은 할아버지가 조명되지 않고 있는 점에 대하여 매우 안타깝다고 말했다. 더러 취재는 해 가는데 그렇다 할 연재물이나 묘비 관리에 필요한 지원이 전혀 없다고 했다. 지원까지는 아니더라도 최소한 지자체에서 할아버지 업적을 조명이라도 제대로 해주면 좋겠다는 뜻을 밝혔다. 비문(碑文)이 아직 해석되지 않았다고 하여 그 일은 해결해 주겠다고 약속하고 마을로 내려왔다.

密陽府使蔡公九淵墓碑銘(밀양부사 채공구연 묘비명)

嗚呼라 吾邦外寇之侵이 莫甚於宣廟壬辰之際 而當時忠愼義勇之士 有決死報國之誠者 不可勝數 而吾鄕蔡府使公이 亦其一人也라 謹按公은 仁川人이니 高麗蘇城伯諱先茂之后요 ?宗光祿大夫全羅按廉使諱寶文이 於公에 爲十三世祖요 歷五世諱貴河는 恭愍朝戶曹典書寶文閣直提學으로 麗亡에 入杜門隱居焉하다 曾祖諱는 佑祥이니 李朝世宗朝에 吏曹判書요 祖諱는 叔孫이니 戶曹參議요 考諱는 錫禧니 大司憲이시다 中宗二十三年戊子二月十四日에 津下面長峙里第에서 (今津月面望德里)生公하시다 名曰九淵이요 字曰自靖이요 聽虛는 其號也라 天姿雄俊하고 材芸絶倫하여 明宗丙辰에 與宋象賢으로 同司馬榜하고 戊午別試에 與朴駱村思元同榜登第하다 性本剛直公淸하여 不接是於權貴之門하니 以故로 不得超遷이러라 年及六十四에 就任密陽府하니 此所謂徵官末職이요 府是邊陲危地也라 卽補修城池하며 訓練兵卒타가 未幾에 以老衰로 上書請解任 而因府民之留任陳情하여 未果也러니 壬辰四月十五日에 倭敵이 跋扈하여 侵入蘇山하니 勢若風

雨라 城吏李珏은 逃避而來하고 蔚山郡守李彦誠은 已降于敵陣이어늘 公이 與新任朴晉으로 矢死抗拒러니 軍官李大樹와 金孝友는 旣而戰死하고 朴晉도 亦退去라 忽歸本府하여 念不給我陣食粮之意로 燒其穀倉하고 短兵接戰하여 左右衝突에 斬首幾級而死하니 豈不偉哉며 豈不痛哉아 宣廟還宮之日에 嘉其忠義하여 錄其勳하고 招其魂하여 命有司禮葬于斯하고 具石儀祭田及守護人하니 盖取其生長桑梓之鄕也라 墓之階下에 有六人繼葬은 是當時幕下同心力者也니 此亦恩遇也라 其姓名本貫居地時任贈職을 如左列書이라 金嗣年의 號는 慕齋요 金海人 居茂長인데 任軍器寺僉正이니 贈通政大夫요 趙英圭는 稷山人居長城인데 任梁山郡守贈戶曹參判이요 金希壽는 金海人居羅州인데 錄宣武原從勳이요 洪允寬은 助防將이요 宋鳳壽는 代將이요 盧蓄邦은 敎授이다 嗚呼라 今距公之世四百有餘年에 塚墓凌夷하고 儀物이 破壞하여 行路之人莫不嗟歎이라 鄕人士與其后裔永玉으로 爛商合議하여 請援助於官府하여 今可爲更新之期에 要余爲墓碑銘하니 余於公之遺蹟에 未能博探하여 有難詳悉이나 但據本郡誌之所載와 諸集之略傳하여 謹書之如此이라 銘曰

噫嘻龍蛇에 天地崩坼이라

故國滄桑이 銅駝荊棘이라

山有烽火하고 郵有羽檄이라

駕幸龍灣에 彼蒼罔極이라

如水益深하고 如火益烈이라

其何能淑고 載胥及溺이라

公如倏人하여 荷戈與殳이라

執訊獲醜에 匹馬短槍이라

年高勇力이 百夫之長이라

功雖未滿이나 忠則盡命이라

龜山蒼蒼하고 洛水漾漾이라

一片佳城이 恩渥所寵이라

百世遺風을 過者起敬이라

檀紀四三〇八年乙卯上浣 凝川 朴鍾凡 撰 新安 朱正洙 書

仝事業推進期成 會長兼鄕校典校 朱斑錄 外役員 一同

光陽郡守吳京錫 顧問 黃尙秀 秋鏞憲

밀양부사 채공구연 묘비명

아! 우리나라 외구(外寇)의 침탈이 선조 임진 때보다 더 심한 때는 없었다. 당시 충성과 의리로 분격하며 용기를 내보인 선비로서 죽음을 각오하고 나라에 보답한 정성을 보인 분은 그 수를 헤아릴 수 없을 정도로 많다. 우리 고장 출신 채부사공(蔡府使公) 역시 그중의 한 분이었다 할 것이다.

살펴보니 채공의 본관은 인천(仁川)이며, 고려 소성백(蘇城伯) 휘 선무(先茂)의 후예이다. ?종광록대부(?宗光祿大夫) 전라안렴사(全羅按廉使) 휘 보문(寶文)은 채공의 13세조이다. 5세를 지나 휘 귀하(貴河)는 공민조(恭愍朝)에 호조전서 보문각 직제학(戶曹典書 寶文閣 直提學)으로서 고려가 망할 무렵 두문동(杜門洞)으로 들어가 은둔하였다. 증조의 휘는 우상(佑祥)으로 조선조 세종 때 이조판서(吏曹判書)를 지냈으며, 조부의 휘는 숙손(叔孫)으로 호조참의(戶曹參議)를 지냈으며, 고(考)의 휘는 석희(錫禧)로 대사헌(大司憲)을 지냈다. 중종(中宗) 23년 무자(戊子) 2월 14일에 진하면(津下面) 장치리(長峙里, 지금의 진월면 망덕리) 사저에서 공을 낳았다.

이름은 구연(九淵)이고 자(字)는 자정(自靖)이며 청허(聽虛)는 호(號)이다.

타고난 자질이 웅준(雄俊)하고 재주가 절륜(絕倫)하였다. 명종병진(明宗丙辰, 1556)에 송상현(宋象賢)과 함께 사마방(司馬榜)에 올랐으며, 무오별시(戊午別試)에 낙촌(駱村) 박사원(朴思元)과 함께 급제하였다. 성품이 본래 강직하고 공정하고 맑아 권귀(權貴)한 집안을 가까이하지 않았다. 그런 까닭으로 벼슬이 위로 올라가지 못했다. 나이 64세에 이르러 밀양부(密陽府)에 취임하니 이는 미관말직이었으며 밀양부 역시 변방의 위태로운 지방이었다. 부임 즉시 성곽이며 연못 등을 보수하고 병사를 훈련시켰다. 얼마 되지 않아 노쇠해지자 임금에게 상소를 올려 해임해줄 것을 요청하였지만 마을의 민중들이 유임시켜 달라고 진정서를 올려 결국 뜻대로 되지 않았다.

임진 4월 15일에 왜적이 날뛰어 소산(蘇山)을 침입하는데 기세가 마치 풍우(風雨)처럼 순식간에 들이닥쳤다. 성리(城吏) 이각(李珏)은 도피해 왔으며 울산군수 이언성(李彦誠)은 이미 적진에 항복하였다. 그러나 공은 신임 박진(朴晉)과 함께 죽음을 맹세하고 항거하였는데 군관(軍官) 이대수(李大樹)와 김효우(金孝友)는 이미 전사하였으며 박진 역시 퇴거하여 갑자기 본 고을로 들어와 말하기를 "우리 진지의 식량을 적에게 주는 일을 없어야 한다." 하고 곡창을 불사르고 단병(短兵)으로 접전하며 좌충우돌로 적의 머리를 여러 차례 베다가 마침내 전사하였으니 이 어찌 위대하지 않으며, 이 어찌 애통하지 않겠는가.

선묘(宣廟)가 환궁한 날 그들의 충의(忠義)를 가상히 여겨 그들의 공훈을 기록하고 그들의 넋을 부르고 유사에게 명을 내려 이곳에 예를 다해 장례를 치르게 하고 비석과 제전(祭田) 및 지킴이를 두게 하니 곧 그가 낳고 자란 고향이란 사실에 의미를 둔 것이었다. 묘 아래 여섯 분을 계속해서 모셔와 이장을 하니 당시 막하에서 심력(心力)을 같이 한 분들로서 이 역시 은혜로서 보답한 것이었다. 여섯 분의 성명이며 본관이며 거주한 곳이며 벼슬한 내력을 다음과 같이 열거해 본다.

김사년(金嗣年)의 호는 모재(慕齋)이며 김해인(金海人)으로 무장(茂長)에서 살았으며 군기시첨정(軍器寺僉正)을 지냈으며 증통정대부(贈通政大夫)이다. 조영규(趙英圭)는 직산인(稷山人)으로 장성(長城)에서 살았으며 양산군수(梁山郡守)를 지내고 증호조참판(贈戶曹參判)이다. 김희수(金希壽)는 김해인(金海人)으로 나주(羅州)에서 살았으며 선무원종훈(宣武原從勳)에 기록되었다. 홍윤관(洪允寬)은 조방장(助防將)이며, 송봉수(宋鳳壽)는 대장(代將)이며 노축방(盧蓄邦)은 교수(敎授)이다.

아! 오늘날 공이 살았던 시대가 벌써 4백여 년이 지났다. 무덤도 많이 가라앉고 석물들이 파괴되어 길 가는 사람들이 몹시도 안타까워하였다. 고을의 인사들과 후손 영옥(永玉)씨가 난상토론를 거쳐 협상하여 관(官)에 도움을 요청하고 다시 새롭게 단장할 시점에 나를 찾아와 묘비(墓碑)에 새길 글을 지어달라 청하기에 나는 공의 유적에 대해 기록을 찾기 어려워 자세히 기록하는 데 어렵다 여겼지만 다만 본 고을의 군지(郡誌)에 실린 내용과 여러 문집(文集)에 기록된 자료에 근거하여 조심스럽게 기록하기를 이와 같이 하고 명(銘)을 짓노라.

아! 용사(龍蛇)시대에 천지(天地)가 무너졌었다.

고국(故國)의 창상(滄桑)이 동타형극(銅駝荊棘)[8]이었다.

임금이 용만(龍灣)으로 행차할 때 저 하늘은 망극(罔極)하였다.

물 같으면 더욱 깊어 가고 불 같으면 더욱 뜨거웠다.

이를 누가 능히 정리할까? 서로 서로 죽어갔다.

공과 같은 의인들은 창을 메고 방패를 들었다.

---

8) 동타형극(銅駝荊棘): 가시밭에 파묻힌 낙타의 상(像)이라는 뜻.

적장들을 붙잡고 신문할 때도 필마(匹馬)나 단창(短槍)뿐이었다.

노년인데도 용맹과 힘만큼은 모든 장부 중의 으뜸이었다.

공(功)이 비록 만족하진 못하지만 충성만큼은 목숨을 바쳤다.

귀산(龜山)은 창창(蒼蒼)하고 낙수(洛水)는 양양(漾漾)하다.

지금에 와 아름다운 성(城)으로 남은 것은 임금 은혜가 미친 것이다.

백세에 남을 이 역사는 이곳에 들른 자들은 존경을 표하리라.

단기4308(檀紀四三〇八, 1975)을묘년 상완에

응천(凝川) 박종범(朴鍾凡)은 짓고

신안(新安) 주정수(朱正洙)는 쓰다.

동사업추진기성(소事業推進期成)

회장겸향교전교 주정록(朱珽錄) 외 역원(役員) 일동

광양군수(光陽郡守) 오경석(吳京錫),

고문(顧問) 황상수(黃尙秀), 추용헌(秋鏞憲)

오순도순 모여 사는 내망

채 장군의 묘지에서 마을로 내려가는 길은 가파른 내리막이었다. 숨을 고르려고 아래쪽을 바라다보니 마을이 너무 아름다웠다. 오순도순 모여 있는 집들이 마치 소꿉놀이하는 것처럼 보였다. 내망은 외관

으로 보기에 마을이 있나 싶을 정도로 집들이 보이지 않는다. 마치 망덕산 자락에 숨어 있는 듯하다. 다소곳한 마을 전경이 그 속에 사는 사람들의 정서를 담은 듯 고즈넉했다. 마을 입구에 가내공장처럼 생긴 건물들이 들어서 있어서 목사님께 물었다. 목사님은 공장이 아니라, 벼 모종을 키워 지역민들에게 나누어주는 곳이라고 하였다.

벼 모종 작업 시설물

마을 입구에 파란색 지붕들이 벼 모종 작업을 하는 곳이다. 겨울철이라 문이 잠겨 있어서 작업장 안을 들여다볼 수는 없었다. 외관상으로 마을과 어울리지 않는 시설물로 여겨졌으나 벼 모종 작업장이라니 새롭게 보였다. 내망에는 강 씨 집안의 '김해 허씨 열행비'가 있다. 내망에서 가장 연로하신 장열철 어르신(92세)께 이야기를 청해 들었다.

"마을 입구에 가면 강 씨네 효부비(孝婦碑)가 있어. 가서 보면 알겠지만 말이야. 남편이 몹쓸 병에 걸렸다는 거야. 말하자면 나병 환자였지. 예전에는 불치병이었잖아. 그러니 그 부인이 아무리 생각해도 안 되겠다 싶었던 거지. 오만가지 생각 끝에 자신의 허벅지 살을 오려서 그걸 꾸어갖고(구워서) 남편에게 먹였다는 거야. 그래 가지고 나았대. 그래서 그 후손들이 그 이야기를 전해 듣고 효부비를 해놓았어. 비문 뒤에 다 기록되어 있으니까 가서 읽어봐."

김해 허씨 열행비

비가 오는데도 친구가 사진을 찍어주었다. 내망의 정서를 열행비가 안고 있는 것만 같았다. 어르신들은 대부분 마을회관에서 점심을 드신다고 했다. 쌀은 시에서, 반찬은 상부상조하여 나눠 먹으며 마을의 역사를 만들어 가고 있다. 친구는 외망에서 젊은 편에 속한다. 마을회관에서 한솥밥을 먹는 어르신들은 모두 20~30명쯤으로 다른 마을에 비해서는 많은 편이다.

글·사진 백숙아

섬진강 연어처럼
젊은이들이 돌아오는 월길리 Ⅰ

섬진강의 선물, 월길리

 이집트에서 수학이 발달한 가장 큰 이유는 주기적으로 발생한 나일강의 범람때문이라고 한다. 강의 주기적인 범람은 비옥한 토양과 풍부한 물을 제공해 농업 생산성을 향상했으며 거래, 세금, 분배 등을 위한 셈법을 발달시키고 건축, 문화, 예술의 발전을 이루며 마침내 찬란한 이집트 문명을 탄생시켰다.

중도와 가길 입구

이집트가 나일강의 선물이라면 가길, 중도, 대리 3개 마을을 품고 있는 월길리는 섬진강의 선물이다. 강물이 구불구불 흐르다 속도가 느려지거나 유로가 바뀌면서 퇴적물이 쌓이게 되고 이러한 과정이 반복되면 강 한가운데 섬으로 남게 되는데 이것을 '하중도(河中島, river island)'라고 한다.

중도 마을은 데미샘에서 발원해 500여 리를 달려온 섬진강의 유속이 느려지면서 강 가운데 퇴적물이 쌓여 만들어진 전형적인 하중도다. 이 하중도는 섬진강이 다압면과의 경계인 돈박골에서 형성한 지류(광양강이라 불렸음)와 본류 사이에 형성되었고 '가운데 위치한 섬'이라는 뜻에서 중섬, 중도로 불리게 되었다.

강의 범람으로 쌓인 퇴적물은 자연 제방을 형성해 홍수에 비교적 안전하고 농경에 유리한 지형을 만들었지만 반복되는 폭우에는 속수무책이었다. 안정적으로 치수하려면 인공 제방이 필요했고, 1970년 2월 드디어 첫 삽을 뜬 후 강산도 변한다는 10년 만인 1980년 5월 16일 마침내 준공식이 거행되었다.

모래땅 위에 일군 K-농업의 백색 혁명, 전천후 시설 원예

하얀색 아치형 비닐하우스가 끝없이 펼쳐진 월길리는 마치 신세계 같다. 인위적으로 환경을 조절해 작물을 재배하는 시설 원예의 대표 격인 비닐하우스는 농가 소득을 올리고 각종 과일과 채소를 사시사철 먹을 수 있는 백색 혁명을 일으켰다.

눈 닿는 곳마다 보란 듯 열어 젖힌 비닐하우스에서는 옥수수, 딸기, 복수박, 파프리카 등 알록달록한 열매가 탐스럽게 익어가고 있다. 인공 제방이 완공되면서 안심하고 살아갈 수 있는 터전을 마련한 월길리 주민들은 비옥한 농경지와 배수가

중도 마을회관

잘 되는 하중도의 장점을 살린 참외, 수박, 양상추 등을 재배해 부농의 메카로 우뚝 섰다.

초기에 대나무 골조로 세워졌던 비닐하우스는 철제 파이프로 대체되었고 오이 등 저온성 채소로 시작된 시설 원예 기술을 체득하고 쌓아가면서 참외, 수박, 양상추 등 고온성 작물까지 확장해 부가가치를 높였다.

양상추 수확이 끝나서 쉬고 있는 비닐하우스

"초창기에는 미군 납품으로 시작했어요. 양상추를 애초에 재배하고 있었던 게 아니고 재배 의뢰가 와서 경험도 없고 시설도 아직 없었을 때인데도 돈이 되니까 지금까지 몇십 년을 하고 있지. 돈이 안 됐으면 벌써 그만뒀을 거예요." 자상하게 맞아주신 광양 섬진강 동부농협공선회장 김현(76세) 어르신의 말씀이다.

양상추는 당시만 해도 생소한 작물이었지만 미군 납품이라는 안정적인 판로가 개척되면서 대부분의 농가가 양상추를 재배하기 시작했다. 양상추는 8월 중순 파종하여 3모작을 하면 5월 초 수확이 끝나고 2모작 후 복수박을 심으면 6월부터 복수박 결실의 기쁨을 맛보게 된다.

럭비공처럼 생긴 광양 섬진강 복수박은 깎아 먹을 수 있을 정도로 껍질이 얇고 당도 또한 매우 높다. 크기는 일반 수박보다 작아 1인 가구 및 소규모 가족 비율이 증가하는 소비 취향에도 안성맞춤이다.

탐스럽게 익어가고 있는 복수박

월길리는 40여 년 전부터 백운산과 섬진강이 내린 자연 자원의 장점을 살리고 외부 기후의 영향을 받지 않는 전천후 시설 원예를 발빠르게 도입하는 등 능동적인 변화와 미래를 내다보는 통찰로 K-농업의 초석을 쌓은 것이다.

땅과 생명이 더불어 살아가는 방법, 친환경 농산물

지난 1월, '광양 유기농 셀러리'가 전라남도 2024년 첫 친환경 농산물로 선정됐다는 반가운 소식이 전해졌다. 셀러리는 섭취한 칼로리보다 소화 과정에서 더 많은 칼로리를 소모해 마이너스 칼로리 푸드로 각광받고 있으며 맑은 섬진강이 키워낸 '광양 유기농 셀러리'는 국내 최고 품질을 자랑한다.

친환경 농산물은 화학 첨가물을 사용하지 않거나 사용을 최소화한 환경에서 생산된 것으로 생물의 다양성을 증진하고 토양에서의 생물적 순환과 활동을 촉진해 건강한 농업생태계를 보전하는 것이 목표다.

"미래는 농업뿐만 아니라 전 분야에서 친환경이 요구될 것으로 예측했고 그에 대비해 안심하고 먹을 수 있는 먹거리 생산에 나서게 됐어요. 친환경 농산물이 비싸다고만 생각지 말고 믿고 먹을 수 있는 건강한 먹거리로 인식해 줬으면 좋겠어요." 탁월한 선견지명으로 친환경농법을 실천한 박순성 디딤돌 회장님의 말씀이다.

담소를 나누고 있는 가길 마을 어르신들

박순성 디딤돌 회장은 2004년 제초제와 농약을 일절 쓰지 않는 친환경 재배단지 운영으로 국립농산물품질관리원으로부터 무농약 재배 친환경 농산물 인증을 받았고, 2013년에는 '디딤돌 친환경 작목 영농조합 법인'을 설립해 양상추, 양배추 등을 친환경농법으로 생산하며 건강한 지구를 미래 세대에 물려주기 위해 묵묵히 노력하고 있다.

우리 마을의 가장 큰 자랑은 '자식들이 돌아와 농사짓는 것이지'

"지금 내가 서 있는 곳도 강이었어요. 진월면에서도 가장 못 사는 마을이었어요. 그런데 지금은 광양시뿐만 아니라 전라남도에서도 단위 마을로 이렇게 소득을 많이 내고 잘 사는 데가 없어요." 유리온실에서 직원들과 함께 파프리카 선별 작업을 하고 계시던 김수성(80) 어르신의 말씀이다.
대부분의 농촌은 고령화와 청년 유출로 소멸 위기에 처해 있지만 가장 빈곤했던 마을 중 하나였던 월길리는 높고 안정적인 농가소득으로 농사짓는 재미와 즐거움을 느끼며 떠났던 젊은이들의 발길까지 돌리게 하고 있다.
마치 섬진강 연어가 알을 낳기 위해 북태평양 베링해와 알래스카 연안에서 1만 5천여 km를 헤엄쳐 회귀하듯 떠났던 젊은이들이 다시 돌아와 부모의 대를 이어 농사를 짓고 아이들의 우렁찬 울음소리로 희망이 뜀뛰는 마을을 만들고 있다.
젊음을 시설 원예 연구에 바쳐 마을 발전에 크게 이바지한 박순성 디딤돌 회장의 "우리 마을의 가장 큰 자랑은 자식들이 돌아와 농사를 짓는 것이지."라는 말씀은 짧지만 울림이 크다.

  힘찬 연어처럼 섬진강으로 돌아온 자식들은 누군가 만들어 놓은 길을 그대로 걸어가지 않고 모래땅에 새로운 역사를 새긴 부모 세대를 이어받아 또다시 그들만의 새로운 길을 열어갈 게 분명하다. 그렇게 월길리의 미래는 환하다.

글·사진 이회경

자연에 가치를 더해가는
지속가능한 미래의 땅 월길리 II

 월길리는 섬진강에 깃들어 산다. 섬진강을 따라 걷기 여행길과 자전거길이 생겨나고 '섬진강 재첩잡이 손틀어업'이 세계중요농업유산으로 등재되었으며 생태환경 교육센터 〈햇빛 숲 학교〉가 둥지를 틀면서 지속가능성을 높였다.

월포, 월등도, 마조도, 백마강… 그 아스라한 지명들

대리 마을 전경

진월면이라는 지명은 1914년 행정구역 개편 시 진하면과 월포면이 통합되면서 역사에 등장했으며 월길리는 월포리, 월등리, 가길리 등의 마을이 병합되어 탄생했다.

월포(月浦)는 대리 마을의 본래 이름으로 '산 아래 위치한 나루', 월등(月登)은 중도 마을로 섬진강에 달 떠오르는 형상, 가길(加吉)은 '갈라진 곳에 위치한 마을'이라는 뜻을 각각 담고 있다. 나루, 달, 갈림길 등의 뜻을 내포한 지명들은 필자에게는 낭만, 설렘, 희망 등으로 번역된다. 특히 잔잔한 섬진강 물결에 달빛이 은은하게 차오르는 월등도(月登島·月嶝島)는 한 점 수묵화로 그려진다.

지금은 사라진 마조도는 처음에는 말 구유 모양을 닮아 마조도(馬槽島), 사라지기 전까지는 세월에 씻기고 닳아져 마조도(磨造島) 등으로 불렸는데 대홍수에 흔적도 없이 자취를 감추었다고 한다. 지명이 자연의 형상, 인간의 염원 등이 수렴된 것이라고 할 때 마조도는 정말 닳아 사라진 걸까. 150여 년 전까지 살았다는 한 가구는 어디로 갔을까.

마조도에는 '백마강'이라는 애잔한 전설이 흐른다. 마조도 일부였던 비야섬에서 한 아이가 태어났는데 겨드랑이에 날갯죽지가 나는 등 범상치 않았다. 불길하게 여긴 가문은 아이를 죽였는데 비슷한 시기에 태어난 한 마리 백마가 장차 주인이 될 아이의 생죽음을 알고 슬픔에 날뛰다 섬진강에 빠져 죽었다고 한다. 그 후 주민들은 백마의 서러운 혼을 달래기 위해 철도 다리 부근에서부터 중섬까지의 섬진강을 '백마강'이라고 불렀다고 한다.

섬진강 꽃길 따라 두 발로 남파랑길, 두 바퀴로 섬진강 자전거길

나루는 사전적으로 강가나 냇가 등에서 배가 건너다니는 일정한 장소를 가리키는 교통용어다. 물산과 사람들이 나루를 중심으로 모여들면서 자연히 교류가 활발해지고 문화가 융성해졌다.

광양 갈대 쉼터 봄 풍경

진월면이라는 지명의 근간이 된 '산 아래 위치한 나루', 월포를 품은 월길리는 나루가 더 이상 제 기능을 수행하지 못하는 오늘날에도 여전히 사람들의 발길이 활발하다. 섬진강 물길을 따라 달리는 '섬진강 자전거길'과 부산에서 해남까지 남해안을 연결한 '남파랑길'이 이곳을 지난다.

행정안전부 '아름다운 자전거길 100선'에 선정된 섬진강 자전거길은 섬진강댐에서 배알도 수변공원까지 8개 인증센터를 통과하는 154km 대장정 코스로 수려한 경관과 최상의 노면으로 라이더들의 사랑을 받는다. 특히 중도마을 섬진강변 '광양 갈대쉼터'는 사계절 20,000㎡ 규모 아름다운 꽃물결이 장관을 이루며 라이더들의 질주 본능을 가라앉히고 속도를 늦추게 한다.

부산 오륙도에서 해남 땅끝 마을까지 남해안을 따라 연결된 걷기 여행길, 남파랑길(총 90개코스, 1,470km)도 광양 갈대 쉼터를 지나는데 봄이면 유채꽃과 벚꽃, 가을이면 코스모스가 낭창낭창한 연둣빛 버드나무, 오렌지빛 아치형 섬진강 대교와 한 폭의 유채화를 그리며 걷기 여행자의 발걸음을 사로잡는다.

지속가능한 세계중요농업유산 '섬진강 재첩잡이 손틀어업'

2023년 7월, '섬진강 재첩잡이 손틀어업'이 국내 어업 최초로 국제연합식량농업기구(FAO)에서 지정·운영하는 세계중요농업유산에 등재됐다. 선사시대부터 이어져 내려온 섬진강 재첩잡이 손틀어업은 '거랭이'라는 도구로 강바닥을 긁어 재첩을 채취하는 전통 어업 방식으로 선결 조건인 국가 중요어업 유산 지정을 2018년 완료했으며 식량·생계 수단의 확보, 생물다양성 및 생태계 기능, 전통적 지식·농업기술의 계승 등의 등재 기준을 충족하며 그 가치를 인정받았다.

섬진강 재첩잡이 손틀어업(광양시 제공)

월길리에서 30여 년째 재첩잡이를 해온 양형호 어르신은 "5월부터 10월까지 물이 빠지는 시간 기준으로 하루 4시간씩 재첩을 잡아요. 월길리에 재첩 가공업 허가 난 곳이 5~6군데 되는데 재첩국을 팩에 넣은 다음 냉동시켜 전국으로 판매해요. 섬진강은 물이 맑고 바다와 만나는 기수역으로 재첩 서식에 최적의 조건을 갖추고 있고 그만큼 맛도 최고예요. 30년 전에는 '물 반 재첩 반'이라 할 정도로 재첩이 지천이었는데 기후 환경 변화와 염해로 서식지 염도가 높아지면서 재첩 수확량이 크게 줄었어요"라며 안타까움을 나타냈다.

월길리 사람들에게 재첩은 자식들을 가르치고 먹이는 주요 소득원 중 하나였다. 가슴까지 차오르는 강물에 몸을 담그고 거랭이로 강바닥을 긁어 채취하는 재첩은 강에서 난다고 '강조개' 또는 '갱조개', 까만 아기 조개처럼 생겼다고 해서 '가막조개'로도 불린다. 손틀의 간격을 성기게 해서 알이 작은 재첩을 다시 강으로 돌려보내는 마음은 자연이 허락한 만큼만 취하겠다는 공존의 의지이자 지속가능을 추구하는 ESG 경영방식이다. 더구나 강바닥을 긁는 행위는 생태계 순화에도 긍정적인 영향을 준다고 하니 이보다 더 훌륭한 '세계 중요농업 유산'이 있을까.

멀리 백운산이 산 그림자를 드리우고 재첩잡이가 한창인 섬진강의 6월은 세상에서 가장 아름다운 삶의 현장이자 함께 그리고 지켜나가야 할 풍경이다.

독립운동가가 주춧돌 놓은
진월초 월길분교장 생태환경 교육센터 변신

지난해 12월 개관한 광양 생태환경 교육센터 〈햇빛 숲 학교〉는 대리 마을 초입에서 왼쪽으로 난 좁고 가파른 길을 올라야 했다. 햇빛 숲 학교는 2014년 3월 진월초등학교에 통합되면서 폐교로 남은 진월초 월길분교장이 변신한 생태교육장이자 마을공동체다.

광양 생태환경 교육센터 〈햇빛 숲 학교〉 정문

진월초 월길분교장은 1943년 5월 20일 개교한 진월북국민학교가 1999년 학생 수 감소로 진월초 월길분교장으로 격하되고 2013년 2학급, 학생 수 8명 규모로 정상적인 교육과정 운영이 어려워지자 2014년 3월 1일 진월초등학교에 통폐합되면서 폐교로 남았다.

2015년 특별한 활용 방안을 찾지 못한 광양교육지원청은 월길분교장 매각계획 공고를 냈고 이에 마을 이장들이 "진월초 월길분교장의 전신인 '사립 삼육학당'은 1910년경 대리 마을 정참봉의 손자 정순제와 지역민이 힘을 모아 세운 학교로 원 소유자는 지역민"이라며 지역 환원을 요구했고 매각은 보류됐다.

정순제는 1903년 3월 23일 월길리에서 태어나 대를 이어 내려온 소작료, 장리곡 등을 파기하고 진월북국민학교 전신인 송월 간이학교 자리에 사립 삼육학당을 세웠다. 당시 학생 수는 50여 명이었으

정순제 일제 감시 대상 인물 카드

며 이후 송월 간이학교로 인가를 받아 삼육학당의 정신을 이어갔다. 그는 1919년 독립만세운동을 계획하였으며 1924년 12월 2일자 동아일보에 독립운동 참여를 당부하는 「광양 각 청년단체에 고함」 투고, '여성 해방의 열쇠' 주제 강연 등 민족의식을 고취하고 신사상 운동을 전개하다 옥고를 치르기도 했다. 2006년에는 조국의 독립과 건국에 대한 공로를 인정받아 정부로부터 건국훈장 애족장을 추서 받았다.

백 년 역사의 뒤안길로 사라질 뻔했던 진월초 월길분교장은 2022년 전라남도 교육청의 '폐교를 지역민에게' 사업에 선정되어 생태환경 교육센터 〈햇빛 숲 학교〉로 다시 태어났다.

햇빛 숲 학교는 숲을 매개로 자연과 사람이 함께 살아가는 공동체를 실현하고 활력이 넘치는 지속 가능한 삶터를 가꾸어감으로써 암울한 일제강점기, 한 독립운동가가 놓은 희망의 초석을 소중히 지켜나갈 것이다.

햇빛 숲 학교로 변신한 진월초 월길분교장

월포, 월등도, 마조도… 내밀한 신비감을 주는 월길리 지명들은 아스라이 사라졌지만 모래땅 위에 백색 혁명을 일으킨 저력과 세계 중요농업유산을 지켜나가는 자부심, 폐교를 햇빛 숲 학교로 재생시키는 결기와 통찰로 무장한 월길리는 섬진강을 거슬러 오르는 연어의 몸짓처럼 힘차게 역동한다.

글·사진 이회경

역사와 문화가 살아 숨쉬는 진월

역사와 사람과 이야기의 집합체, 선소 마을

달빛나루터, 진월(津月)의 역사는 신석기 시대로 거슬러 올라간다. 진월초등학교 동쪽에서 청동기시대 유물인 지석묘 1기를 확인했기 때문이다. 이렇게 유구한 역사를 품은 진월면은 2024년 현재 열 개 법정리와 서른한 개 자연마을로 이루어져 있으며, 2023년 통계에 따르면 총 1,478세대, 2,609명의 주민이 살고 있다.

선소 마을회관

진월 지역의 행정 중심지인 면 소재지는 선소리, 즉 선소 마을이다. 역사의 향기가 느껴지는 이름답게 옛날부터 이 지역에는 배를 만들던 선소(船所)가 있었다. 주변에 산이 많아 나무를 쉽게 구할 수 있고, 해안선도 활의 등처럼 휘어 바람과 파도의 영향을 피할 수 있는 최적지였다. 병선(兵船), 전선(戰船)이 입출항하는 선소진(船所鎭)이 있어 마을 이름도 선소가 되었다. 이 마을 이름과 연관된 역사 속 주인공은 누구이며, 어떤 이야기가 담겨 있을까.

충무공 이순신과 어영담, 그리고 윤동주

임진왜란 중 선소 마을은 5관 5포(五官五浦) 중 하나로 광양현의 수군 기지였다. 이순신 장군이 조정에 올린 1594년 1월 기록인 임진장초(壬辰壯草)에는 다음과 같이 기록되어 있다. '전라좌수영에 소속된 다섯 고을, 즉 순천도호부, 낙안군, 보성군, 광양현, 홍양현에서 만들고 있는 전선을 1593년 12월 12일 직접 검사하였고, 1594년 1월 17일 그중 일부를 이끌고 한산도로 간다.' 1593년 12월 광양 선소에서는 전선 네 척을 만든 것으로 알려져 있다. 조선 후기 법전인 속대전(續大典)에는 군선의 배치 현황이 정리되어 있다. 선소 마을에 전선 한 척, 병선 한 척, 사후선(伺候船) 두 척이 배치된 것으로 기록되어 있다.

마을의 위치 또한 교통의 중심지이다. 전라북도 진안 데미샘에서 시작된 섬진강이 550여 리를 달려 바다와 만나는 지점이기 때문이다. 역으로 생각하면 섬진강 지류를 타고 다압의 옛 섬진진, 구례, 곡성으로 가는 유일한 길목이다. 또한 서남쪽으로는 태인도를 지나 광양제철소로 갈 수 있으며, 서북 방향으로는 진상면으로 넘어가는 길목이기도 하다. 이런 지리적 특성으로 마을 동서남북 곳곳에 표지석이 세워져 있다. 이 비석들은 어느 방향에서 오더라도 쉽게 마을로 진입할 수 있게 해 준다.

광양 선소터와 어영담 추모비

필자는 가장 먼저 무접섬 앞에 있는 광양 선소터를 찾았다. 무접섬은 원래 작은 산이었다고 한다. 이곳에 군량미를 쌓아두었다 하여 미적도(米積島)라고도 하고, 나비가 춤추는 모습이라 하여 무접도(舞蝶島)라고도 부른다. 종이배 모형의 돌비석에는 '광양 선소터'라는 커다란 글씨 아래 '전라좌수영 수군 주둔지'라는 글자가 새겨져 있다. 국난의 시대, 국난 극복의 지혜를 모으느라 고심하던 이순신 장군, 검과 활로 훈련하는 수군들, 땀 흘려 배를 만드는 광양 사람들의 모습이 파노라마처럼 펼쳐진다.

어영담 추모비를 떠받드는 섬진강 두꺼비

이 영상 속에는 또 한 명의 인물이 보인다. 광양 현감을 지낸 어영담(魚泳潭 1532-1594)이다. 선소터 옆에 나란히 세워진 추모비에서 그 모습을 더 선명하게 찾을 수 있다. 어영담은 임진년 때 충무공이 가장 존경하고 절대적으로 신임했던 인물이다. 추모비 일부 내용은 다음과 같다. '어영담과 광양 함대는 해양 전술과 지형지물에 밝고 전투력이 막강하여 접전할 때마다 죽음을 무릅쓰고 먼저 돌진하여 승리의 주역이 되었다. 어영담의 살신성인과 함께한 광양인들은 육상 의병 활동에서도 목숨을 바치며 숱한 충절을 빛냈다.' 비석의 내용을 이

해한 것일까. 두꺼비 한 마리가 받침돌을 떠받들고 있다.

 무접섬 모퉁이를 돌아 나오면 윤동주 시(詩) 정원이 나타난다. 윤동주의 시집 『하늘과 바람과 별과 시』에 수록된 서른 편의 시를 자연석에 새겨 놓은 공원이다. 윤동주 시 정원의 배경이 되는 무접섬은 경치가 아름다와 조선 말기에 선비들이 시를 읊고 풍류를 즐기기도 했다. 일제강점기 때는 진월면의 청년들이 나라를 빼앗긴 울분을 달래고 저항했다. 숭고한 정기가 흐르는 곳에 뿌리를 둔 영향일까. 무접섬 소나무들이 푸르고 푸르다.

윤동주 시 정원

 시 공원 맞은 편 강변엔 윤동주 쉼터가 있다. '죽는 날까지 하늘을 우러러 한 점 부끄러움이 없기를, 잎새에 이는 바람에도 나는 괴로워했다….' 한국인이 가장 좋아한다는 〈서시〉 한 편을 소리 내어 읽는다. 칼을 든 장군과 펜을 쥔 시인의 마음이 하나였음을 느낀다. 시비 옆에는 마을 주민들이 운영하는 카페가 있다. 이름도 '동주'다. 카페에 앉아 창밖을 바라보면 윤동주 육필 원고를 보관했던 망덕 정병욱 가옥이 지척이다.

마을의 변화, 그리고 사람들

 선소중앙길을 걷다 보면 수문이 보인다. 우리나라에서 가장 오래된 수문이라고 한다. 본래 진월면은 두 개 마을을 제외하고는 모두 바닷물이 드나드는 갯마을이었다. 썰물 때는 주민들이 동네 앞에서 조개를 잡아 생계를 유지했다. 이 풍경은 1936년 안상선 면장 취임 이후 큰 변화를 맞았다. 선소 마을 입구에 선소-망덕 간 제방을 설계해 완성한 것이다. 이후 갯벌이었던 땅이 60만 평 이상의 농경지로 바뀌었다. 이 대공사는 주민들의 경제활동에 큰 변화를 주었고, 목포 부산 간 도로공사와 병행하여 진상-진월과 선소까지 이어지는 도로 개설의 계기가 되었다.

마을 이야기를 더 자세히 듣기 위해 이기태 전임 이장을 만났다. "선소 마을이 가장 번창할 때는 최대 170가구가 있었어요. 지금은 57가구뿐이고요. 주민들도 대부분 할머니입니다." 긴 한숨과 함께 얼굴빛이 어두워졌다. "옆 동네 망덕은 관광 명소화라는 이름으로 활기를 띠고 있지요. 진월면의 중심인 선소 마을은 어떤지 아세요?" 대뜸 필자에게 묻는다. "도로변에 40여 개나 되던 가게가 지금은 10여 개만 남았어요. 면 소재지가 커야 진월이 발전하는 것 아닌가요?"

또다시 되묻는 속내가 궁금해졌다. 작년까지는 전어 축제 개최지가 선소 마을 무접섬 광장이었는데, 2024년부터 망덕 쪽으로 바뀌었다는 것이다. 축제 기간만큼은 마을에 외부 사람이 찾아주었는데, 이마저도 사라지게 되었다며 서운한 감정을 내비쳤다. 지역발전에는 소외된 곳이 없어야 한다. 무엇보다 이런 중요한 결정을 하기 전에 서로 의견을 나누었으면 어땠을까. 지역사회가

경모정에서 만난 어르신들

모두 이웃이라는 특수성을 생각하면 아쉬움이 더 크다.

선소 마을은 광양에 대기업이 들어오기 전에는 집집마다 김, 민물장어, 참게 잡이로 돈이 아쉽지 않았다고 한다. 하지만 지금은 어부가 없는 마을이 되었다. 예전보다 사는 여건이 좋아졌다고 하나, 노인들만 남은 마을이라 희망을 논할 수 없단다. "윤동주 시 정원 옆 '동주 카페' 있지요? 거기서 65세 이상 마을 어르신들이 바리스타 교육을 받고 돌아가며 근무 중이에요. 현재 마을기업으로 전환하는 중이고요. 경모정 할머니들이 만든 간식도 납품할 계획입니다. 그런데 알다시피 공간이 너무 좁아요." 이장님 얼굴에 잠깐 미소가 번지더니 다시 어두워졌다.

90년대부터 이장을 시작하여 최근까지 30여 년간 고향 지킴이 노릇을 해오신 분이니 하고 싶은 말이 많을 수밖에 없다. 희망이라면 카페를 증축해 진월면을 오가는 사람들의 사랑방으로 꾸미는 것이라고 한다. 가야 할 길은 멀지만 묵묵히 가겠다고 하셨다. 돌아서는 이장님의 뒷모습에서 역사 속 인물이 떠오르는 것은 우연이 아닐 것이다.

어머니들 쉼터인 경모정에서는 100원짜리 화투 놀이가 한창이었다. 어르신 사이에 끼어 어설픈 훈수를 두며 대화에 끼어들었다. "과거에는 배가 있는 사람은 전어 잡아 풍족하게 살고, 농사만 짓는 사람은 어렵게 살았제. 그래도 좋은 것도 궂은 것도 뭔지 몰랐어. 부족한 것이 뭔지도 모릉께. 젊어서는 자식 키우는 게 가장 힘들었지, 뭐. 공부 가르쳐야 하니께." 한 분이 말문을 열자 잇달아 말씀이 이어졌다. "지금은 돈만 있으면 뭐든 살 수 있응게 좋제. 반찬도 다 만들어 팔잖어. 가장 좋았던 때가 뭐 있것어. 신랑 만났을 때제." 어머니들이 수긍하는 듯 소녀처럼 까르르 웃는다. "아들 낳을 때도 있네. 딸 넷 낳고 아들 낳았으니 얼매나 좋았것어." 화투놀이 하면 뭐가 좋으냐 여쭈니 "벌어봐야 천원이제! 잃어도 재밌어. 천 원 따면 콩나물 하나 사서 반찬 만들제." "그라제!" 필자의 추임새에 웃음소리가 더 커졌다.

면 소재지에 사는 사람들만 누리는 특권은 모든 기관이 가까이 있다는 것, 면사무소, 농협, 슈퍼, 보건소, 학교, 우체국, 없는 것 빼고 다 있어 좋다 하신다. "이제는 노는 것도 힘들고 귀가 어두워 말도 잘 안 들려. 그래도 나 말하고 너 말하고 이런저런 이야기 나누면 하루가 금방 가제." 참 다행이다 싶어 일어서려는 순간이었다. "우리는 좋은 이야기만 하고 살어." 어르신들이 주는 지혜는 결코 어렵거나 복잡하지 않았다.

진월 경로당에서 만난 어르신들

선소 경로당 겸 진월 경로당에서는 최희춘(86세) 회장님과 박정복(81세), 김삼태(85세) 어르신이 담소를 나누고 계셨다. 이곳은 각 마을 어르신이 모두 들르는 곳이다. 예전에는 전어잡이를 했으나 지금은 늙어서 못한단다. 선소 마을 관련 이야기와 전어 축제를 여쭤도 특별한 것은 없다고 하신다. "우리는 바다에서 산 사람들이오. 그런데 제철 회사가 생기고 그 많던 재첩, 백합, 우럭도 없으니 어쩌겠소. 둑을 만들어 놓으니 갯벌이 논으로 변해 벼농사로 그럭저럭 살았소. 근디 이제는 늙어서 그마저도 못하니 뭐 어쩌것소." 어르신들의 쓸쓸한 미소에 말을 잇기 힘들었다.

"15년 전만 해도 이 경로당 방 세 개에 사람이 우글우글했습니다. 지금은 겨우 일곱 명 정도 모이지요. 마을에 구멍가게도 없고, 술 한 잔 먹을 곳도 없어요." 저렴하게 편히 먹을 곳이 없다는 뜻이었다. 연금으로 살다 보니 동주 카페도 못 간다고 하신다. 윤동주 시비를 본 적 있느냐는 질문에는 잠시 망설이다 좋은 일 있을 때 가신단다. 80여 년 인생에서 가장 힘들었던 때를 물었다. "배 타고 일하던 때였제!" 세 분이 한목소리로 외치며 웃으신다. 그런데 그때가 가장 좋았던 시절이라고 한다. 전방, 술집도 많아서 일 끝나고 한잔하며 웃고 떠들던 때가 좋았다며 소년처럼 웃으셨다.

모두 특별한 것도 자랑할 것도 없고, 변하는 것에 따라가고 있다고 하셨다. 이제 필요한 것도, 세상에 바라는 것도 없지만 경로당에 모인 회원들과 점심 한 끼 할 수 있는 게 희망이라고 하셨다. "오랜만에 만났는디 운영비가 없어 털털 굶고 집에 간단 말입니다. 이제 다들 기초연금으로 살다 보니 한 끼 해결도 힘든 거지요." 없는 것은 이것뿐만이 아니었다. 유입 인구도, 아이들도 없어 초등학교까지 사라진다는 소식이다. 내년쯤 초등학교와 중학교가 '미래형 통합 운영학교'라는 이름으로 통폐합되어 방죽 마을로 옮겨갈 예정이다. 지난 시절 영광처럼 선소중앙길 붉은 능소화가 붉고도 붉다.

다시 희망으로

어르신들의 무거운 침묵을 뒤로하고 경로당을 나오니 맞은편 동네, 외망으로 가는 다리가 보인다. 광양 수군의 빛나는 업적을 기리고자 진월면 주민들이 만든 '수군(水軍)교'라는 다리다. 곧게 뻗은 다리 모양이 솟아오른 망덕산의 기개와 잘 어울린다. 2012년에 이 다리를 만들 때와 2024년 현재, 무엇이 달라졌을까. 열정은 나이와 비례하지 않는다. 어르신들 말씀 중 핵심은 소외였다. 더군다나 선소 마을은 역사의 숨결이 살아 숨 쉬는 곳이며 진월면의 중심지가 아닌가.

이기태 전임 이장을 두 번째 만났을 때는 기쁜 소식 하나를 전해주었다. 구 면사무소 자리에 이순신 장군 자료와 유물전시관을 만들어 활용할 계획이라고 한다. 바로 옆에는 '달빛나루 종합복지센터'가 있어 문화 교역소 역할까지 하니 안성맞춤 기획이라 생각한다. "아마도 선소 마을은 폐교가 된 학교터를 어떻게 쓰느냐에 따라 운명이 달라질 것입니다." 근시안적 사업이 아닌 미래를 보는 계획이길 바란다는 당부였다. 기대와 염려가 섞인 이장님의 목소리를 들으며 문득 이순신 장군의 일화가 떠올랐다.

1597년, 정유재란 초반의 이야기다. 백의종군 중이던 이순신 장군이 다시 삼도수군통제사로 임명되었다. 당시, 조선 수군은 열두 척의 배를 가지고 있었고, 왜적은 330척의 배를 이끌고 조선의 바다를 위협하고 있었다. 적군 전력이 우세하다 생각한 임금(선조)은 육군에 합류하라는 어명을 내린다. 이때 이순신 장군은 고한다. '신에게는 아직 열두 척의 배가 남아 있습니다.' 왜군과의

옛 진월면사무소

대적이 어렵다는 것을 장군도 모를 리 없었을 것이다. 하지만 바다를 지키는 것이 조선을 지키는 길이라는 장군의 결단과 의지는 승리의 요인이 되었다.

조선의 이순신 장군에게 열두 척의 배가 있었다면, 현재 선소 마을에는 무엇이 있을까. 선소 마을은 남파랑길 49코스 종점이자 48코스 시점이기도 하다. 섬진강을 따라 걷는 사람이라면 꼭 거쳐 가는 곳이다. 가까이에는 부산 방향 섬진강휴게소 환승 정거장도 있다. 봄이면 섬진강 따라 펼쳐지는 벚꽃 풍경을 볼 수 있는 곳이다. 벚꽃 터널 따라 달리는 자전거 도로는 널리 알려진 장소이기도 하다. 중앙로에 유동 인구가 없다는 것만으로 선소의 영광을 사진첩 속에서만 찾아서는 안 된다.

지금 여수 선소 유적지에서는 2025년 준공을 목표로 전시관 등을 포함한 테마정원을 조성 중이다. 사적으로 지정된 이곳은 수군 지휘소였던 세검정, 군기 창고인 군기고, 대장간 등을 복원하여 관광객을 맞이하고 있다. 때맞춰 이웃 마을에서도 망덕포구 관광 명소화 사업이 한창이다. 옆 마을 일이 아니라 우리의 일이며, 진월면이 하나의 벨트로 움직여야 한다는 인식이 절실하다. 가장 가까운 선소 마을부터 역사적 가치가 있는 장소를 찾아 접목하여 융합형 콘텐츠를 만들어야 한다. 무엇보다 우선해야 할 것은 함께 모여 의견을 나누고 지혜를 모으는 자세다. 호국의 상징, 선소 마을의 보존은 광양 시민 모두의 자존심이자 자긍심이라는 사실을 잊지

진월정 풍경

말아야 한다.

　선소터를 다시 돌아 섬진강을 한눈에 내려다볼 수 있는 진월정에 들렀다. 필자는 전 광양시장 김옥현의 '진월정기'를 또박또박 소리 내어 읽었다.

　'550리 섬진강이 휘돌아 흘러 마침내 남해와 만나는 곳, 영봉백운(靈峰白雲)이 동으로 힘차게 줄기를 뻗어 망덕산을 숫게 한 자리, 예부터 이름 있는 선소 한 자락 언덕배기에 진월정을 세운다. 이곳을 지나는 사람이거나 이곳을 찾아온 사람이거나 이곳에서 사는 사람 모두에게 있어 이 터는 영원히 기억되고 가슴에 살아남는 명지일 터이다.' (중략)

글·사진 방승희

천황산 남쪽에 위치한
장재

천황산 남쪽의 따사로운 장재 마을 전경(사진 박주식)

장재 마을은 천황산(천황봉) 남쪽에 위치한다. 약 480년 전에 강씨가 처음 입촌하여 마을을 형성하였다고 전한다. 마을 이름 유래는 진상면과 진월면의 경계 지점인 배암재에서부터 시작된 산등성이가 진목-항목-구룡을 거쳐 장재마을 뒤까지 길고 곧게 이어져 장치(莊峙)라 하였다가 장재(長在)로 개칭된 것이라고 한다.[9] 1987년 1

---
9) 『광양시지』, 제4권, 780쪽.

월 1일 기준(광양군 행정구역 일람), 광양군 진월면 망덕리에 속하여 행정리상 망덕3구 장재라고 하였다. 현재는 광양시 진월면 망덕리 (법정리) 장재라고 한다.[10]

마을회관에서 마주한 장재 어르신들

장재는 비교적 규모가 작은 편이라 마을 어귀에 들어서면 한눈에 전체를 조망할 수 있다. 집집마다 담장 벽돌이 똑같아서 한가족이 모여 사는 듯 정겹게 느껴진다. 먼저 이장님을 만나려고 마을회관을 찾아갔다. 현관문을 열고 들어서자 키가 큰 어르신이 반겨주었다. 조옥순(72세) 이장님이었다. 인사를 나누자, 사무실 안쪽에 있는 방으로 안내했다. 따듯한 아랫목에 어르신들이 앉아 환담을 나누고 있었다. 왠지 방해하는 것만 같아 미안해하는 내게 이장님이 자리를 마련해 주었다. 이장님이 마을을 소개하며 자연스레 이야기꽃이 피어나게 되었다.

"현재 장재 마을 가구 수는 50호이며 100여 명의 주민들이 살고 있어요. 2000년도에 시작한 마을 개발사업이 2024년도에 끝났어요. 시골이다 보니 낙후된 집이 많아서 지붕과 담벼락을 주로 고쳤어요. 그래서 벽돌이 집집마다 같은 색깔이에요. 예쁘지요?"

그리고 보니 벽돌이 갈색과 황토색으로 반반 섞여 고풍스러웠다. 가장 연세가 높은 어르신이 101세라고 한다. 아흔을 넘긴 어르신이 여섯 분, 칠팔십 대 어르신들이 마을주민의 반을 넘는다고 했다. 연

---

10) 『광양시지』, 제4권, 778쪽.

세 높은 어르신들의 생활은 어떠한지 궁금했다. 광양제철소가 건립되기 이전에는 장재 마을에서도 갯일(김, 조개, 전어 등)로 가계를 꾸렸다고 한다. 성길남(72세) 부녀회장이 요즘은 어떻게 살아가는지 설명해 주었다.

"우리 마을에는 80세 이상 노인이 스무 명이 넘어요. 그래서 힘든 일은 다 못 해요. 주로 텃밭 수준의 농사를 지으며 서로서로 품앗이 함서 울금, 고구마, 콩, 비트 등 몸에 좋은 것들을 가꾸지요. 70대들이 아직은 마을을 주로 이끌고 있어요. 이장도 일흔둘, 나도 일흔둘. 하하하……."

이장님은 당산나무 바로 앞에 있는 매실 와인 공장과 옥녀봉을 손짓하며 자랑했다.

매실 와인 공장 '섬진강의 봄'과 옥녀봉

"마을에 찾아오는 사람들은 왜 마을 초입에 공장이 있냐고 묻곤 해요. 그런데 다들 모르는 소리예요. 매실 와인 공장은 우리 마을에 음으로 양으로 많은 도움을 주고 있거든요. 우리는 누구든 마을을 위하여 봉사하고 협력해 주는 기업을 선호해요. 왜냐하면 마을 살림살이에 도움이 된다는 것은 그만큼 우리 마을을 사랑하는 거라고 믿기 때문이지요. 그리고 옥녀봉은 저 매실 와인 공장 뒤편에 있는 산봉우리예요. 옛날에 풍수지리상 지은 이름인데 옥녀(玉女) 형국을 하고 있다고 해서 그리 지었다고 해요. 옥곡, 진상 의금촌 마을의 비단금(錦村) 마을지명과 관련이 있어 보인다고 했어요."

샘물을 자랑하는 최금순 이장님

마을 가운데 맑은 물이 흐르고 있는 공동 우물로 장소를 옮겼다. 이장님은 우물물을 떠서 마셔보라고 권했다. 웃똠샘이라고 했다. 물맛이 아주 청량하게 느껴졌다. 이곳 외에도 장재 마을 샘은 아래똠샘, 안골샘, 안샘(장재 저수지에 잠김), 각시샘, 서방샘 등이 있다고 했다. 천황산이 있어서인지 마을 규모에 비하여 샘이 많다는 생각이 들었다.

각시샘에는 전설이 전해온다. 장골(망덕리 산119번지)에 예쁜 비녀를 꽂은 옥녀가 살았다. 그녀가 매일 새벽에 이 샘물을 길어다가 강세등 아래에 연을 키워 꽃을 주렁주렁 매달아 놓고 비단을 짰다. 사람들은 옥녀가 매일 새벽 물을 길어가는 샘을 각시샘, 매일 새벽 오르내리는 고갯길을 옥녀봉이라고 불렀다. 어느 날 서생(書生)이 서재에서 글공부를 마치고 이른 새벽에 과거를 보려고 말을 타고 지나가다가 옥녀를 보고 감탄하여 인사를 건넸으나 대꾸도 없이 지나쳤다. 서생은 과거를 보러 가는 것도 잊은 채 자기도 매일 첫새벽에 물을 긷기 위하여 샘을 만들었는데 이 샘을 서방샘(망덕리 100-16번지)이라고 한다. 샘터에 대한 이야기들이 많지만 장재 마을 우물 설화는 유독 재미있게 느껴진다.

겨울바람이 꽤 차가웠지만 상쾌한 공기를 마시며 이장님과 동네를 살펴보았다. 한때 장재 마을에서는 마을공동체 사업으로 이익을 얻어서 마을 살림에 도움이 되었다고 한다. 그런데 서류가 너무 복잡하여 지난해(2023년)부터 접었다고 한다. 이장님은 마을 사람들이 공동체 사업장을 세우려고 마련한 땅을 소개했다. 당산나무 앞에서 발길을 멈추었다. 이장님은 당산나무와 공동체 사업장을 설명해 주었다.

장재 당산나무 여름과 겨울 모습

"저 당산나무는 보호수로 지정되었어요. 마을 사람들이 휴식을 하기 좋은 곳이지요. 바로 앞에 시멘트 포장을 곱게 한 넓은 공간이 보이지요. 저곳에 장재 마을 공동체 사업장을 세울 거예요. 이 마을 아낙네들이 음식솜씨가 좋아요. 버려두기 아까워서 사업장을 만들어 음식 장사를 해보려고 해요. 너무 힘들지 않게 점심 한 끼 정도로 생각하고 있어요. 저 당산나무가 우리를 지켜줄 거예요. 그래서 당산나무 곁에다 장소를 정했어요."

다음날 시조 시인으로 알려진 최선주 씨를 만나려고 장재 마을을 다시 찾아갔다. 그는 마을회관에서 만나 간단한 인사를 마친 후에

천황산 기슭에 자리한 최홍우의 묘

천황산으로 안내했다. 임도는 차 한 대가 겨우 지나다닐 수 있을 정도로 좁고 험했다. 최선주 씨는 트럭을 직접 운전하여 한참을 올라가다가 내리자고 했다. 부추를 신고 거의 기어가다시피 낙엽 쌓인 비탈길을 걸었다. 우리는 한참 동안 숲길을 걷다가 멈추어 섰다. 최선주 씨는 작은 산등성이인가 싶은 곳에 멈추었다. 그 산등성이로 보이는 것이 최홍우(崔弘宇)의 묘라고 했다.

"임진왜란 중 계사년 6월에 최홍우의 숙부인 최경회는 진주성이 풍전등화 상태에 이르러 그 일족이 멸하기 직전에 이르자 장손인 최홍우를 고향으로 돌아가 조상과 부모를 모시게 했대요. 장손인 최홍우가 최경회의 전리품 언월도(모리미치의 칼)와 청산백운도(공민왕 그림)를 가지고 고향인 화순으로 급히 돌아간 이틀 뒤에 진주성이 함락되었다고 해요. 이때 진주성에 남아 있던 군·민 6만여 명이 몰살당했다고 해요. 구전에 의하면 성안에 있던 장·졸은 '왜놈에게 치욕을 당하느니 죽는 게 낫다'라면서 남강에 투신자살했다고 전해오고 있어요. 군 장비를 갖춘 상태에서 투신하여 장군들의 시신이 물 위에 뜨지 않아 수습하지도 못했답니다. 최경회 장군 일족 중 유일하게 생존한 최홍우는 벼슬도 사양하고 나아가지 않았다고 해요. 그래서 임금이 남주고사(南州高士)라고 칭했답니다.

최홍우는 곤재 정개청(困齋 鄭介淸)의 문하생이었다고 전해오고 있어요. 정개청이 기축역변(己丑逆變)으로 몰려 하옥되어 처형된 17년 후 최홍우는 상소를 올려 명예 회복을 청했을 정도로 가까운 사제

지간이었던 듯해요.

 그런 최홍우가 사망하자 국가에서 풍수지리 전문가를 시켜 자손이 번성할 자리를 찾아 장례를 지냈어요. 이 묏자리가 꼭 여자의 살과 같이 생긴 혈이라나요. 여하튼 이 묘로 인하여 지금도 천황산에 묘를 쓰면 자손이 번성할 거라는 풍수지리설을 믿는 이들이 있어요."

 우리는 다시 트럭을 타고 마을로 내려왔다. 최선주 씨는 마을에 대한 애정이 남달랐다. 많은 자료를 모으고 연구한 기록물을 갖고 있었다. 그는 '진주 강씨 필윤(必潤) 오위장(五衛將) 수군첨절제사(水軍僉節制使)', '전주 최씨(全州崔氏) 쌍효록(雙孝錄)'에 대한 이야기를 해주며 파일을 톡으로 전달해 주었다. 이 내용들은 다음에 장재 마을 이야기를 자세하게 다룰 수 있을 때 더 연구하여 꼭 기록물로 남기겠다고 약속했다.

윤원보(尹元普) 초대 광양시장이 본가에서 찍은 사진들

 윤원보 초대 광양시장의 본가가 궁금했다. 최선주 씨가 윤 시장의 옛집 앞에 차를 세웠다. 사진 속 풍경과는 상당히 다른 모습이었다. 시멘트로 마당을 입히고 큰 차가 집 안에 들어서 있었다. 초대 시장으로 광양시를 이끌었던 윤 시장의 생가도 문화적 가치가 충분하다

고 여겨진다. 곳곳에 아직 알려지지 않은 문화적 가치를 지닌 장소와 공간을 문화콘텐츠로 활용할 수 있기를 간절히 바란다.

 마을을 나오는데 발길을 멈추게 하는 교회가 보였다. 마을 어귀에 다소곳이 자리한 진월교회였다. 이 교회는 최선주 씨 집과 이웃하고 있었다. 교회 같지 않고 아담하고 예쁜 가정집 같았다. 마을 자체가 많은 이야기를 안고 있듯 작은 규모의 교회지만 마을과 함께 역사를 간직하고 있었다. 내망 마을 채충환 목사님께 늦은 저녁에 전화를 걸어 진월 교회 역사를 청해 들었다. "진월교회는 섬진강교회 모태예요. 내가 일곱 살 되던 해에 우리 집 옆에 세워졌어요. 내가 교회를 다니게 된 계기가 되었지요. 그러니까 70년의 역사를 갖고 있고, 처음 지을 때는 내망에 있었던 거지요. 내망에서 15년여 있다가 이정으로 이사하여 6, 7년쯤 있었지요. 장재로 옮긴 지는 50년 정도 됩니다. 후에 진월교회 교인 일부가 섬진강교회를 개척하였는데 지금은 그곳 교인이 더 많아요. 그러고 보니 섬진강교회도 어느덧 45년여 역사를 쌓았네요. 처음 진월교회는 박노아 전도사가 개척했어요. 박노아 전도사 동생, 박도주 의사가 진월 의원을 개원했어요. 그때 일본 적산 가옥을 사다가 진월 교회를 건축했지요. 진월교회 처음 이름은 '진목교회'였어요. 박도주 의사가 건축하면서 지역 이름을 따서 '진월교회'라고 바꾼 거지요."

조옥순 이장님과 최선주 선생님은 마을 이야기를 잘 써달라고 몇 번이나 부탁해 왔다. 마을의 역사와 문화적 요소를 간직한 이야기를 빠짐없이 연재할 수 없음이 아쉽다. 마을을 진정으로 사랑하고 주민들의 삶을 걱정하는 두 분이 계서서 장재의 미래가 환할 거라고 기대한다.

글·사진 백숙아

큰 인물 아홉이 나올 곳이라는
구룡

천왕산 왼쪽에 위치한 구룡(사진 박주식)

구룡은 약 260년 전 조 씨에 의해 처음 형성되었다고 전한다. 마을 이름 유래는 마을 뒷산 제일 높은 산봉우리가 천황봉이며, 여기서 남쪽 방향인 장재 마을 쪽으로 내리뻗은 산등을 청룡등이라 하여 용(龍)의 혈에 해당되고, 산아래 능선은 거북형인데 마을 앞에는 구실바구(구슬바구)가 여러 개 있어 구룡롱주(九龍弄珠)라 하여 거북이와 용이 앞에 놓인 구슬을 가지고 희롱하는 형국이라 한 데서 연유하였다. 옛날에는 마을 이름을 구룡(龜龍)이라 불렀는데 왜정시대 이전 구룡(九龍)으로 개칭하였다고 전한다. 마을 뒷산인 천황산(天皇山) 정상을 문필봉(文筆峰)이라고도 부르는데 풍수지리설에 의하면 이 산이 보이는 곳에 재사가인(才士佳人)이 많이 배출된다고 전하고 있다.[11]

구룡마을과 삼진기업 자매결연 기념사진과 자매결연증서

오후 네 시쯤 강채영 이장님(65세)과 약속을 잡았다. 늦은 오후가 아닌데도 마을엔 그늘진 곳이 많았다. 마을회관에 주차하자마자 이장님이 현관문을 열고 마중해 주었다. 어르신들은 마치 객지에 지내다가 고향을 방문한 아들딸을 만난 듯 반가이 맞아 주었다. 필자(백숙아)의 고향인 쇠섬(현재 금호동) 출신 일가(백금자, 83세)도 있었다.

제일 먼저 현관 벽에 붙은 액자가 눈에 들어왔다. 내용이 궁금하여 질문을 던졌더니 입을 모아 삼진기업을 칭찬했다. 광양제철소가 건설되면서 광양시에는 공단이 생겨났다. 제철소와 연관된 일을 하

---

11) 『광양시지』, 제4권, 784쪽.

는 200여 외주사가 운영된다고 필자도 들은 적이 있다. 각 고을마다 외주사 중 한 기업과 자매결연을 맺어 도움을 받는다고 했다.

"우리 마을은 삼진기업과 자매결연을 체결한 지 20년이 지났어요. 망덕 대부분의 마을들이 크고 작은 기업들과 자매결연을 비슷한 시기에 체결했어요. 그런데 기업들이 어려워지거나 폐사되어 그 약속이 제대로 지켜지지 않는 일이 많아요. 그런데 삼진기업은 지금까지 우리 마을과의 약속을 저버리지 않고 매년 도움을 주고 있어요. 그러니 주민들이 이구동성(異口同聲)으로 삼진기업 이름만 들어도 칭찬하는 거지요."

마을 공동우물과 우물 앞 천왕산 푯말

이장님은 마을 규모에 비하여 유독 넓고 깨끗하게 관리된 우물터로 안내했다. 그야말로 맑고 맑은 옹달샘이었다. 예로부터 우물은 그 고장의 인심을 대변한다는 말이 있다. 백 명도 안 되는 마을주민이지만 표정이 밝고 친절했다. 그리고 서로서로 마을을 자랑스럽게 생각했다. 주민의 인심과 우물물의 맑고 청아한 기운이 꼭 닮았다. 활짝 웃는 얼굴이 트레이드마크라고 자부하는 이장님이 마을 현황에 대하여 자세하게 설명해 주었다.

구룡마을 어르신들과 이장님, 그리고 마을회관 전경

"현재 구룡마을에는 서른다섯 가구에 예순일곱 명의 주민이 살고 있어요. 제일 연장자는 서우기순(101세) 어르신이에요. 지금은 학교(주간요양보호소)에 다니시고요. 그다음으로 90대 네 분, 80대 열 분, 나머지 50~70대가 반 이상을 차지해요. 특히 40대 주민이 7, 8명 되는데 이들이 마을의 희망이지요. 우리 마을은 4년 전에 마을 공동체사업을 신청했어요. 그런데 맡아서 일할 젊은 친구가 못 하겠다고 하는 바람에 일일이 포기각서를 받아서 지원비를 반환했어요. 그러다가 도저히 안 되겠다 싶어서 올해 '으뜸 마을 만들기 사업'을 신청하여 선정되었어요. 마을을 아름답게 꾸미고 싶어서요." 어르신들이 이구동성으로 "우리 동네 이장님이 최고예요. 으뜸이여, 으뜸."이라며 박수를 쳤다. 웃음이 트레이드마크라니 주민들과 얼마나 잘 화합하며 마을을 이끄는지 가늠할 수 있었다. 이장님의 마을 자랑은 계속되었다. 어르신들은 옛이야기 감상이라도 하듯 흥미진진하게 들었다.

정책 설명을 듣고 있는 조재천 씨(중앙)

"우리 마을에는 예로부터 큰 인물이 아홉 나올 거라는 설(說)이 있어요. 대표적으로 조재천 씨를 꼽을 수 있어요. 조재천 씨는 1912년 우리 마을에서 태어났어요. 해방 이후 서울지방검찰청 부장검사, 경상북도 경찰국장, 법무부장관 등을 역임한 법조인이자 정치인이에요. 조재천 씨는 꼭 조명이 되었으면 좋겠어요."

이장님의 간절한 요청이 있어 조재천 씨를 간단히 소개한다. 조재천(曺在千)의 본관은 창녕(昌寧)이고, 호는 일운(逸雲)이다. 전라북도 청하(靑蝦)공립보통학교에서 교사 생활을 시작했다. 그리고 일본 주오대학(中央大學) 법학과를 다녔다. 1943년 3월에 평양지방법원 예비판사를 거쳐 7월에 판사에 임용되었으며, 1945년 6월에는 평양지방법원 검사로 옮겨 해방 때까지 재직했다. 해방 후에는 1946년 1월에 서울지방검찰청 부장검사에 임명되어 같은 해 7월 이른바 '조선정판사위폐사건'의 담당 검사로 활동했다. 1949년 1월 경상북도 경찰국장을 거쳐 1950년 1월 경상북도지사에 임명되어 한국전쟁 중 퇴직했다. 그는 해방 정국에서 좌익 척결을 위해 노력하였다. 1954년 6월 대구에서 민주국민당 소속, 제3대 민의원으로 당선되면서 정치에 입문하였다. 또한 1958년 6월과 1960년 8월 대구에서 민주당 소속으로 제4대, 5대 민의원에 거듭 당선되었다. 1960년 민주당 내각 성립과 함께 법무부 장관에 임명되었고, 1961년 내무부 장관으로 임명되었으나 5·16 군사 정변으로 퇴임하게 되었다. 1963년 12월 민주당 소속으로 제6대 전국구 국회의원에 당선되었고, 1964년 3월 민주당

부총재를 맡았다. 1967년 4월 민주당 총재에 추대되었으나 총선에서 민주당이 참패하자 정계를 은퇴했다. 그리고 1970년 7월 5일 세상을 떠났다.(『한국민족문화대백과사전』 내용 참조.)

이장님의 마을 인물에 대한 자랑이 끝나자 이정이(72세) 부녀회장님이 바위 전설 이야기 보따리를 풀어놓았다. 마을 앞 논 가운데 서 있는 바위 이야기였다.

"우리 동네 앞에는 참 묘한 바구가 하나 있어. 우리는 '여의주바구(여의주바위)'라고 하는데, 또 어떤 사람들은 '구실바구'니 '구슬바구'라고도 불러. 예전에 저 논배미들은 모두 바닷가였어. 배를 매어두었던 돌을 선돌바구(선돌바위)라고 했어. 예전에 아홉 마리 용이 여의주를 물고 승천했다는 말이 있어. 그 여의주가 떨어져서 바위가 되었다고 하는데, 더러는 논에 흙으로 덮여 있는 돌들도 많아. 그런데 우리 마을 사람들이 옛날에 방송시설 설치할 때 스피커를 여의주 바구 위에 설치했어. 그런데 스피커에서 소리가 절대 나오지 않는 거여. 마을 사람들이 생각다 못해서 그 스피커를 다른 곳으로 옮겼더니 소리가 나오더래. 이건 우리 마을 사람들이 직접 체험했어. 저 바구가 그리 묘한 바구여. 진짜."

여의주바위(구실바구, 구슬바구, 선돌바구라고도 함)

들 가운데 서 있는 바위가 마을 이름과 관련된 이야기를 담았다. 오랜 전통을 담고 있는 고을들은 저마다의 마을 혼이 담긴 이야기들을 간직하고 있다. 논 가운데 바위를 치우지 못하는 것도 아마 그래서일 것이다. 그렇다면 정말 바위에 신성한 그 무엇이 있는 것일까? 과학적으로 증명할 수 없는 현상들을 우린 신이물건(神異物件)으로 여긴다. 우리가 사는 주변에도 이러한 이야기들이 많이 떠돈다. 지역의 정체성을 담고 있는 이야기들은 잊히기 전에 모두 채록하고 기록해 두어야 할 필요가 있다. 광양문화연구회가 마을 이야기를 정리해 편찬한 것들도 후세에 귀중한 자료로 남게 될 것이라고 생각하니 가슴이 벅찬다.

이장님이 사진 몇 장을 건네면서 함께 연재해 달라고 했다. 마을의 안녕과 번영을 기원하는 쥐불놀이 행사 사진이다. 이 놀이는 정월 대보름에 불을 지펴 곡식을 갉아먹는 쥐를 쫓고 곡식 창고를 지키기 위한 농경 의식으로 시작되었다. 아울러 논밭에 남아 있는 해충의 알을 태워 병충해를 방지하여 깨끗하게 정화한다는 뜻에서 유래되었다. 농경 문화와 긴밀하게 연결되어 공동체가 함께 한 해 농사의 풍요를 기원하는 중요한 의식으로 자리 잡게 되었다.

필자(백숙아)가 초등학생 시절에는 쥐를 잡아서 학교에 가져가는 숙제가 있었다. 그날이면 부모님들이 쥐를 잡아서 짚에 꿰어 주며 학교에 가져갈 수 있도록 도와주었다. 왜 이런 숙제를 학생인 우리까

지 해야 하는지를 도무지 이해할 수 없었다. 이제야 알게 되었다. 쥐불놀이 또한 그 일환이었다는 것도 깨닫고.

  구룡은 작은 마을이지만 정월 대보름 행사도 해마다 챙긴다. 주민이 한식구처럼 챙기며 살아가는 아름다운 구룡! 밝고 정겨운 서로 간의 정은 오래도록 아름다운 마을 역사를 쌓아가는 자양분이 될 것이다.

글·사진 백숙아

이천 서씨 집성촌,
공동체 문화가 살아 있는 금동(琴洞) 마을

마을에는 사람이 산다. 낯선 이에게도 금방 마음을 열고 먹을 걸 나누고, 이야기해 주는 어르신이 있다. 그분들을 만나는 재미를 빠뜨릴 수 없다. 2005년에 펴낸 『광양시지』에 마을의 연혁이나 유래, 인물 등의 개략적인 정보가 나와 있지만 강산이 두 번 변한 데다 그 사이 우리 지역은 괄목할 만한 성장을 이루었다. '상전벽해'라는 말이 실감나게 대단위 아파트 단지가 들어서면서 지형부터 달라졌다.

올해 광양문화연구회가 조사하는 진월면에는 10개의 법정리와 31개의 행정리가 있다. 그 중 내가 맡은 지역은 송금리이다.

송금리는 세대와 인구로 보아 진월에서 세 번째로 작은 마을

송금리는 진월면에서 세대나 인구로 보아 차사리(59세대, 88명), 신구리(88세대, 145명, 2023년 12월 31일 기준)에 이어 세 번째로 적다. 바로 옆 마을인 월길리가 면 소재지인 망덕리(228세대, 409명)보다 많은 240세대에 438명의 사람이 사는 것에 비하면 상대적으로 더 적게 느껴진다. 송금리에는 금동, 신송, 송현의 세 개의 자연부락이 있다. 그중 금동 마을이 44세대, 66명으로 세대와 인구가 가장 많다.

담장 아래 하얀 찔레꽃이 흐드러진 5월 중순에 금동(琴洞) 마을을 찾았다. 새로 연결된 국도 2호선을 타니 순천에서도 30분이면 닿을 수 있었다. 국도 2호선은 서해안 남쪽 섬인 신안군을 기점으로 전라남도 남해안 지역(목포, 영암, 강진, 장흥, 보성, 순천, 광양)과 경상남도 남해안 지역(하동, 사천, 진주, 창원)을 동서 방향으로 관통하여 부산광역시 중구까지 뻗어 있다. 기점과 종점을 따서 '신안부산선'이라고도 부른다. 광양 중마동과 진월면 사이에 길이 1,559m의 진월 터널이 2019년에 완공되면서 빙빙 돌아가야 했던 진월면까지의 접근성이 수월해졌다. 고속도로는 물론 국도까지 뚫리다 보니 광양제철소와 중마동까지는 15분이면 오갈 수 있고, 광양과 하동읍까지도 20분이면 갈 수 있을 정도로 사통팔달의 교통망이 갖추어졌다.

국도 2호선 연장으로 사통팔달 교통의 요지로 부상

마을 입구에 붉은색 벽돌로 아담하게 지어진 '금동 경로당'에 들어서니 대여섯 명의 어르신이 반겨 주셨다. 다른 때는 열 명 이상이 모이는데 마침 '부처님 오신 날'이라서 몇 사람이 절에 가는 바람에 오늘은 적은 편이라고 했다. 조금 기다리니 약속한 서상일(71세) 이장님도 오셨다. 이장님은 여기서 태어나고 자란 토박이다. 이장님이 어렸을 때는 나룻배를 타고 하동으로 가거나, 메치재를 넘어 진상 탄치로 가야 볼일을 볼 수 있을 정도로 교통이 불편했다. 옆에서 듣고 있던 김화자(83세) 어르신이 거든다. 폐렴으로 아들이 심하게 아파서 나룻배를 타고 하동까지 갈 일이 있었다. 아이를 업고, 먼 거리를 걸은 데다 배까지 타느라고 몹시 힘들었단다. 힘이 센 남편이 좀 거들어 주길 바랐으나 그러지 않아서 혼자 끙끙댄 게 지금 생각해도 야속하단다.

금동 마을 경로당

경로당에서 담소를 나누는 마을 어르신

광양읍 출신의 김종호 건설부 장관이 군 공병대 불도저 장비를 끌고 와서 산길을 골랐다. 마을 사람들도 울력에 동원되어 손수레를 끌어 땅을 고르고, 돌을 정으로 깨는 등 힘을 합한 끝에 국도 2호선이 뚫리기 전까지 주 교통로로 사용되던 길을 냈다. 이후 정부에서 포장하고 확장하여 오늘에 이르렀다.

오래전부터 '월포 김치'로 유명,
지금은 비닐하우스에 양상추와 수박을 심어 소득 증대

금동 마을은 땅이 기름지고 물빠짐이 좋아 예로부터 무와 배추가 잘 되었다. 섬진강 하류 지역이라 모래가 섞인 사질토이다. 그런 덕에 '월포 김치'는 유명하여 여수, 남해에서도 장사치가 사러 왔다. 지금도 가락동 시장에서는 이 동네 농산물을 주목하고 있으며 믿고 찾는단다.

멀리 붉은색으로 단장한 섬진강 대교가 한눈에 들어왔다. 그 아래에는 바다인 듯, 너른 강인 듯 대단지 비닐하우스 단지가 보였다. 이곳은 수박과 양상추를 주로 재배한다. 특별한 시기가 없이 자기 농사짓는 패턴에 따라 4모작까지도 가능하다. 즉 양상추를 두 번, 이어서 수박을 두 번 수확하는 식이다. 8월 말에 양상추를 심어 두 번 재배하고 수박은 한 번으로, 1년에 3모작을 하는 게 일반적이다.

100m 길이의 하우스를 한 동으로 치는데 젊은 사람들은 수박을 많이 심는다. 양상추보다 힘은 많이 들지만 소득이 높기 때문이다. 한 동당 수박은 평균 500만~600만 원의 소득을 내는 데 비해 양상추는 많아야 180만~200만 원에 그친다. 즉 수박 농사가 양상추보다 3배의 소득을 내는 것이다. 그런데 한 동만 하는 사람은 드물고 적어도 서너 동은 기본이다. 옆 마을에는 외국인 노동자의 힘을 빌려 40동에서 100동을 하는 사람도 있다. 단순 계산으로도 1년에 수억을 버는 것이다. 그렇게 번 돈으로 중마동이나 순천에 건물이나 아파트를 사는 사람도 많단다.

피부가 하얗고 방글방글 웃는 모습이 아름다운 허덕엽(71세)씨는 이장과 진월북초등학교 동기동창이다. 스물다섯에 결혼하여 부산에서 장사하다가 58세에 귀향하였다. 대리가 친정이라 그 동네에 가고 싶었는데 마땅한 집이 없어서 이곳 금동에 정착한 지 올해로 14년이 되었다. 귀촌하여 남편과 하우스를 했는데 허리가 아파서 요즘은 안 하고 있다. 멀쩡한 몸으로 왔는데 여기 와서 허리에 병이 생겼다면서도 환하게 웃는다. 경로당의 막내로 말투도 정겹고, 행동도 재빨라서 언니들의 귀여움을 독차지하는 듯 보였다.

삼봉산에서 노래하고 춤추며 봄나들이를 즐겨

금동 마을 서상일 이장님

마을에는 젊은 사람이 거의 없다. 진월초 통학버스를 타는 초등학생 두 명이 학생의 전부다. 김화자(83세) 어르신이 옛이야기 한 토막을 들려주셨다. 봄이면 본격적인 농사철이 되기 전에 마을 뒷산인 삼봉산으로 봄나들이를 갔다. 여자들을 한복을 곱게 입고 음식을 이고 지고, 남자들은 흥을 돋우는 북과 장구를 챙겼다. 삼봉산에 올라 음식을 차려놓고 절을 하고는 하루 종일 노래하고 춤추며 놀았다. 대략 20~30명이 모였다고 하니 그 규모가 짐작이 간다. 이제는 다 옛이야기가 되고 말았으니 삼봉산 산신은 누구하고 놀까? 심심하겠다. 삼봉산 꼭대기까지 차로 금방 오를 수 있지만 찾는 사람이 드물다.

봄나들이도 그 방식이 바뀌었다. 관광버스를 빌려 멀리까지 간다. 얼마 전까지도 버스 두 대를 불렀는데 이제는 버스 한 대도 안 찬다고 어르신들은 안타까워했다. 소득이 높은 금동 마을조차 젊은이를 찾기 어려우니 농촌이 처한 어려움이 피부로 느껴졌다.

전주대 교육학과 서재복(60세) 교수도 이 마을 출신이다. 강을 건너 하동고를 다녔다. 그는 "오늘날 금동은 과거의 가난이 사라지고, 논밭은 비닐하우스로 대체되어 이웃 간의 만남은 많이 줄었습니다. 그래도 다행인 건 아직도 경로당을 중심

삼봉정과 450년 된 느티나무

으로 공동체 문화가 살아있다는 것입니다. 멀리 있는 자식보다 가까이 있는 이웃의 존재 덕분에 외지에 있는 자식들은 그나마 마음을 놓을 수 있습니다."라고 말하며 마을의 공동체 문화를 자랑스러워했다.

마을의 흥망성쇠를 지켜본 450년 된 느티나무

이장님과 마을 탐방에 나섰다. 경로당에서 조금 내려가니 2000년에 지어진 '삼봉정'과 우람한 느티나무 두 그루가 반긴다. 40년 전 보호수 지정 당시 370년과 410년이 되었으니 이제는 400년과 450년이나 된 셈이지만 푸르고 청청한 기운이 상당했다. 사람은 백 년 살기 어려운데 나무는 몇 배나 오래 살아 지금도 넓은 그늘을 드리우고 있다. 묵묵히 자리를 지키며 마을의 흥망성쇠를 지켜본 나무가 위대해 보였다. 어릴 적 이 나무 아래서 비석치기를 하며 놀던 개구쟁이 이장님의 모습을 잠시 상상해 보았다.

이 마을은 이천 서씨(利川徐氏) 집성촌이다. 마을 사람 대부분이 일가이자, 친척인 것이다. 좁고 구불구불한 길을 5분쯤 올라가면 삼

봉산 중턱에 있는 운양재(雲陽齋)를 만날 수 있다. 차를 돌릴 곳이 있기나 하나 걱정될 정도로 좁은 길이었다. 울창한 숲 가운데에 이르니 과연 차를 서너 대는 주차할 수 있는 너른 공간이 나왔다. 서어나무 몇 그루가 먼저 반겼다. 운양재 입구에는 거북 형상의 받침돌에, 용 무늬의 머릿돌을 얹은 비석에 이천 서씨(利川徐氏) 상서공파(尙書公派) 십오세(十五世) 세중재실중수사적비(世重齋室重修事績碑)라고 적힌 비석이 있었다.

이천 서씨 재각 운양재

운양재 중수기

　운양재는 우리 서씨 대대로 전해오는 재각이고 그 창건에는 2가지 요강이 있다.
　하나는 선영 수호이고 둘은 후손 교육이다. 133년 전 정해년에 선조들이 한마음으로 협력하여 땅을 골라 우리 군 주산인 백운산 남쪽 기슭에 자리를 잡고 건물을 지어 '운양(雲陽)'이라 이름하였다. 자연경관이 수려하고 숲과 계곡은 깊고 깊숙하였다. 인가는 멀리 떨어져 있어 세속의 먼지는 닿지 못했다.
　이 재에 오르면 심신이 안정되고 공부하는 데는 최적이다. 이제 책을 구입하여 후손 교육에 전력하여, 시부, 의표, 육체, 전·예·초서 분야에서 대대로 대가를 배출하였다. 그중 문과에 급제한 진사 '월암 달민'이 있고 정화, 정두, 정균, 정은, 한수, 민수가 있고, 판사로는 인수 등이 있다. 명필은 취석 서달극, 성암, 정우, 정기, 정한, 병수 등이 있다
　그리하여 서재의 명성이 먼 곳까지 퍼져 수학하고자 하는 이들이 헤아릴 수 없이 많았다. 그 으뜸은 진사 매천 황현과 안정회 등이 있다. 갑오경장 이후 동서양 신문화가 들어오고 나라에서 초등전문대학 등 교육기관을 서울과 각 도시 중심지에 설치하여 후진 양성 교육에 널리 전력하였다. 우리 운양재의 낡은 서당은 자연스레 문은 닫았고, 단지 선영 수호의 역할만 하게 되었다. 또 경인년 한국전쟁에 깊은 산속 벽지에서 살기에는 어려움이 있어 다른 지역으로 이사하여서 자연스럽게 없어지게 되었다. 그 후손된 자가 어찌 선조의 처음에 품은 마음을 무시할 수 있겠느냐?
　하여 종친들과 중수를 논의하고 여력에 따라 재물을 걷고 몇 달에 걸쳐 보수를 마쳤다. 누가 알랴? 구시대의 찬란함을 지키는 것이 의장을 새로이 하는 것과 같고 선조의 넓은 마음을 기리는 것이 늘 함께함과 같음을. 우리 후손된 자는 대대로 이처럼 공부한다면 천세토록 빛나는 이름을 전할 수 있으리라. 어찌 유념치 않으리오? 위와 같이 간략히 전말을 기록한다.

　　　　　단기 4292년(서기 1959년) 기해년 오월
　　　　　불초후손 상면재배근교

이천 서씨의 재실로 옛날에는 이곳에 삼학동(三學洞)이라는 서당이 있었다. 그래서 이 골짜기를 '서당골'이라고 불렀다. 송금리 서상일 이장님과 함께 이천 서씨 재각 대문을 밀고 들어서니 건물 두 채가 보였다. 정면에 보이는 건물이 운양재로 4칸 팔작 기와지붕 형태이다. 아래쪽에 기단을 쌓아 마당보다 높은 위치에서 건물이 시작한다. 대청마루가 있는 가운데는 운양재(雲陽齋), 대청마루 오른쪽에는 삼산관(三山觀)이라고 적힌 현판이 나란히 걸려 있다. 문중에서 관리하는지 주변이 말끔하게 잘 정리되어 있었다. 새가 들어와서 훼손하는 걸 막으려고 대청마루만 그물이 처져 있었다. 대청마루에는 세 가지 편액이 걸려 있는데, 정면에는 '운양재 중수기'가 적혀 있었다.

'서재의 명성이 멀리까지 퍼져 공부하고자 하는 이가 많았는데 매천 황현과 안정회 등이 있다'고 쓰여 있다. 우리가 아는 그 매천 선생이 진월 송금리 삼봉산 산 중턱에 있는 서씨 재각까지 와서 배움을 청했는지 의문이 든다. 고전번역원에 의뢰했더니 글자당 가격을 매겨 중수기 하나만으로도 기십만 원이 필요했다. 필자의 역량으로는 만족할 만한 결과를 내기 어려워서 독학으로 한시를 공부하는 광양읍 양재희(54세) 님에게 도움을 청해 그 내용을 여기에 옮긴다. 후세에 눈 밝은 사람이 다시 번역해 주기를 기대한다.

나무판에 월암(月巖)이라고 쓰인 편액을 해석하면 다음과 같다.

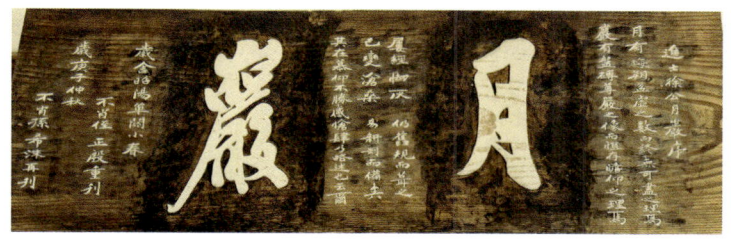

진사 서월암의 서문

달(月)은 초하루 그믐 차고 비우는 건 만복을 가지나 결국 없어지지는 않는다.
바위(巖)는 반석과 존엄의 모습을 가지고 여일과 추앙의 의미가 있다.
옛 토대를 유지하여 지붕을 새로 얹고 단장하여 재난에 대비한다.
이 작업은 존경과 그리움, 견딜 수 없는 슬픔에서 기인한다. 펼쳐서 간략히 적는다고 전해질 뿐이다.

때는 계묘년 이른 봄에 못난 조카 정은이 거듭 판각하고
경자년 가을에 못난 손자 희수가 다시 판각한다.

마지막으로 취석기(醉石記)가 있다. 제목부터 읽기가 어려웠다. 다행히 내용은 행서체로 써 있어서 양재희 님의 해석으로 옮긴다. 취석 서달극 선생은 '운양재중수기'에도 명필로 소개되어 있는 인물로, 아마도 운양재가 배출한 우등생이 아닐까 싶다. 긴 직사각형의 나무에 글자를 새겼으며 그 내용은 다음과 같다.

취석은 돌아가신 서달극의 별호이다. 돌에 새긴 이름이 이끼로 봉해진 지 오래되었다. 옹이 평생 술을 좋아하였으나 심중은 돌처럼 견고하고 확고했다. 취(醉)란 이름에 석(石)을 붙인 것은 내면엔 술에 의지하지 않는 것과 같다. 감정을 가진 옹(翁)이 세상의 영욕에서 담담히 돌의 무정함을, 사람 사이의 시비에 침묵을 배우길 원하셨다. 석(石)은 형상은 있으나 마음은 없는 것처럼 그리 살고자 하셨다.

대체로 보아 옹의 성품은 솔직하고 순수하셔서 이것은 곧 명리에 깨어 있는 것이다. 은신하며 매진한 것은 곧 이미 세속의 일에 깨어있는 것이다. 이 같은 일로 보아 옹의 의지를 더욱 상상할 수 있으리라.

백운산 한 지류와 나란히 큰 강이 5~60리 내리뻗었다. 3봉이 서고 한 마을이 열렸으니 맑은 물이 가득하고 살기 좋았다. 마을 사람은 늘 재능 있는 학생을 키웠으니 곧 서씨의 터전이 되었다. 그 마을 웃어른 중에 서씨 롱강이 여러 곳에 집을 짓고 자손과 함께 생업에 임하였다. 옹이 제사를 관리하며 약간의 재물로 근근이 일하며 살아가는 때였다.

어떤 이가 재산을 잃어 좌절하면 번번이 자신의 재산을 팔아 잃은 것을 보충해 주었다. 처음부터 끝까지 마음을 다하여 동량으로 바꾸었다. 꼬리가 새싹으로 거듭나는 것을 장구한 계획으로 삼았다. 몰래 서씨의 미래를 생각하였다. 이런 옹의 마음을 우리 모두의 마음으로 여기고 영원히 지켜나간다면 하늘에 계신 옹께서도 내 후손이 기반을 버리지 않았구나 말할 것이다. 아~~ 나 또한 오늘을 사는 이로, 세상의 정리로 봐도 옹의 상세한 삶은 소중히 여겨지니 그의 말을 위처럼 기록한다.

세사신묘중추일 순흥인 안정회근서
(신묘년 가을에 순흥 사람 안정회가 감히 쓰고)
불초손 병수개판(부족한 손자 병수가 새로 판각하다.)

오래전에 관리인이 살던 집

　운양재 왼쪽에는 3칸짜리 파란색 지붕의 집이 있다. 방이 두 칸이고 나머지 한 칸은 정지(부엌의 사투리)다. 정지 문은 세로의 긴 나무문 중간에 가로로 걸개를 걸어 여닫을 수 있다. 뒤로 돌아가니 한쪽 벽이 무너져서 그 안이 그대로 드러났다. 솥을 걸 수 있는 아궁이와 부뚜막이 있고 한쪽에는 땔감으로 쓸 나무가 쟁여져 있었다. 어린 시절 내가 살던 집의 정지여서 추억여행한 듯 정겨웠다. 마루에 연결하여 방 두 개가 있는데, 창호 문살이 군데군데 빠져 있었다. 겨울의 매서운 바람을 막기에는 문이 너무 허술해 보였다.

　이 집은 운양재 관리인이 살던 곳으로 여기에도 숨은 사연이 있다. 여수국가산업단지에 공급할 용수를 확보하려고 1974년에 건설하기 시작하여 1978년에 완공한 진상 수어댐이 물에 잠길 때 수몰가옥 중 한 곳의 목재를 그대로 뜯어와서 짜 맞춰 지은 집이다. 서당 대신 학교가 생기고, 여기저기 큰길이 놓이면서 산 중턱의 운양재까지 올 학생은 더 이상 없었을 것이다. '이천 서씨 상서공파'의 재각에서 모이는 일도 1년에 몇 번이나 되었을까? 사람의 발길이 끊기니 집은 삭고 주저앉아 버린 것이다.

취석기의 내용에 따르면 마을 웃어른 중에 서씨 '롱강'이 물이 가득하고 살기 좋은 이곳에 터를 잡아 운양재를 세웠다는 것을 알 수 있다. 조선시대에는 선비 문화의 중심에 재실이 있다. 그곳은 학문을 가르치며 수양하고, 조상의 얼을 기리는 봉제사를 지내며, 문중(가문)의 권위를 내세우고, 친족 간의 단합을 과시하여 후진을 양성할 목적으로 문중 전체가 공유하는 공간이다. 단순히 제사의 용도로만 쓰이는 것은 아니어서 집안의 중대한 일을 논의하는 화합의 장소로도 이용된다. 운양재는 진월에 학교가 생기기 전 서당 역할을 했다.

경상도 지역은 '안동 하회 마을'이나 '경주 양동 마을'에서 볼 수 있듯이 잘 보존된 고택이 즐비하다. 그런데 최고의 곡창 지대라서 부유한 양반이 더 많았던 전라도에선 왜 찾기가 어려울까? 그건 아마도 한국전쟁 때 낙동강 이남은 전쟁의 참화를 피할 수 있었지만 우리 지역은 인민군에게 점령당했다가 수복되는 과정에서 대부분 소실되었기 때문일 것이다.

함께 모여 조상을 기리고, 후학을 양성할 목적으로 세운 운양재를 통해 금동 마을의 공동체 정신을 살펴보았다. 올라갈 때처럼 좁고 구불구불한 길이었지만 내려오는 길은 훨씬 수월했다. 금동은 찔레꽃처럼 아름다운 마을이었다.

글·사진 양선례

마을 규모는 작지만
물이 좋은 신송 마을

　진월면 송금리 신송과 송현 마을은 국사봉 줄기 끝에 있다. 국사봉(國師峰)은 마을 뒤 제일 높은 산봉우리로 산 능선에 돌로 쌓은 흔적이나 굴 껍데기가 많이 남아 있다고 전해진다. 신송 마을은 약 270년 전에 김해 김씨에 의해 마을이 형성되었다. 진하면(津下面)과 월포면(月浦面)이 합쳐지기 전, 즉 이곳이 월포면(月浦面)이었을 때는 송현리에 속했다. 그러다가 1914년 행정구역 개편으로 두 면이 합쳐져 진월면이 되면서 진하면의 금동리, 신송리, 구송리, 마현리가 병합되어 진월면 송금리가 되었다. 법정리로는 송금리, 행정리로는 금동리, 신송리와 송현리의 세 마을로 나뉜 것이다. 당시 월포면사무소가 신송과 송현 중간 지점에 있어 그 터가 1914년까지는 있었으나 지금은 그 흔적을 찾을 수 없다. 마을 앞에 '월포뜰'이라는 지명이 있는 것으로 보아 오래전에는 월포(月浦)라는 포구가 있었던 것으로 추정된다.

신송 마을 입구에는 '우리 마을은 채소 가꾸는 마을' 표지석이 있어

신송 마을 입구 표지석

국사봉에서 내려오는 지형이라 두 마을 다 넓은 평지가 거의 없다. 버스정류장 건너편에 차를 대고 신송 마을에서 나고 자란 박희순(58세) 여수부영초등학교 교장과 마을 탐방에 나섰다. 신송 마을은 금동과 송현 마을 사이에 있다. 버스정류장 바로 뒤에 가로 2m, 세로 1m, 높이가 2m쯤 되어 보이는 거무튀튀한 바위가 있었다. 특이한 건 그 위에 높고 길쭉한 직사각형과 짧고 납작한 정사각형의 두 개 비석이 나란히 서 있었다. 직사각형 비석은 산 정상에서 흔하게 볼 수 있는 표지석과 비슷해 보였지만 어떤 글자도 쓰여 있지 않아 용도를 짐작하기 어려웠다.

그런데 정사각형 비석에는 첫째 줄에 '우리 마을' 둘째 줄에 '은 채소가' 셋째 줄에 '꾸는 마을'이 음각으로 새겨져 있었다. 즉 '우리 마을은 채소 가꾸는 마을'의 뜻이다. 서예의 서체를 따서 쓴 것도 아니었고, 줄 바꿈이나 띄어쓰기조차 안 되었지만 수박과 양상추, 애호박 등의 시설 채소를 오래전부터 이 마을에서 해 온 것을 알 수 있다. 길잡이인 박희순은 어릴 때 이 바위에서 미끄럼을 타면서 수없이 놀았던 놀이터였다고 했다.

신송 마을은 마룡리 구덕 마을(9가구), 진정리 항동 마을(14가구, 2023년 12월 31일 기준)에 이어 진월면에서 세 번째로 작은 마을이다. 인구도 33명밖에 되지 않는다. 긴 골목 두 개를 한 바퀴 돌고 나면

마을이 끝난다. 경로당에 모이는 어른도 대여섯 명에 불과하다. 목요일이면 시각 장애인들이 안마 마사지 출장을 나오기에 그날은 사람이 좀 모인다. 금동 마을처럼 젊은 사람들은 비닐하우스 농사를 주로 하여 경제적으로 윤택한 편이다. 간간이 빈집이 보이기도 하고, 들어오려는 사람도 있으나 집을 내놓는 사람은 없단다.

물이 좋은 신송 마을 우물가

골목길을 오르고 얼마 되지 않아 깨끗하게 잘 관리된 우물을 만났다. 크고 작은 바위 두 개가 병풍처럼 두르고 있는 사이로 둥근 우물이 보였다. 지금도 사용하는 듯 빨간 플라스틱 바가지가 놓여 있었다. 지면과 거의 차이가 나지 않을 정도의 높이에서 물이 찰랑거렸다. 앉아서 빨래를 하거나 채소를 씻기에 적당해 보였다. 이 마을은 예로부터 물이 많고, 또 물맛이 좋기로 소문난 곳이란다. 마을에 한두 개, 그것도 부잣집 주변에나 있었던 우물이 이 마을은 거의 집집마다 있었다. 그 말을 증명이라도 하듯 잠깐 사이에 네 개의 우물을 볼 수 있었다.

  우물을 지나자, 왼쪽으로 마을회관이 보였다. 깨끗하게 잘 관리된 건물이었다. 한쪽에는 운동기구 몇 가지가 있고, 눈에 확 띄는 푸른색 벽화가 계단 오르는 입구에 그려져 있어서 생동감이 있게 느껴졌다. 작은 마을이라서 평소에도 너댓 명이 모이는데 필자가 방문한 날은 문이 닫혀 있었다. 특별한 행사가 있는 날에나 모인다고 했다.

신송 마을회관

하동에서 시집와서 집안을 일군 김외순 어르신

  김외순(82세) 어르신 댁에 들어섰다. 그녀는 경상남도 하동에서 8남매의 장남에게 시집왔다. 시누가 다섯에 시동생이 둘이나 되는 큰 살림인데 부잣집 마나님이었던 시어머니는 일을 전혀 하지 않았다. 남편 역시 마당 한 번 쓸지 않고 키운 귀한 아들이라서 성정은 선비 같이 고왔으나 경제력은 전혀 없어서 사는 게 너무 팍팍했단다. 이장을 하면서 빚보증까지 서는 바람에 아이들 교육하느라 힘든 세월을 살았다.

효부이자 장한 어머니 김외순 어르신

영호남 갈등이 심한 시절인데도 결혼할 수 있었던 건 사위의 인물에 친정어머니가 반했기 때문이라며 웃으신다. 연세가 드셔서 병환으로 순천 성가롤로병원에 입원했을 때도 간호사로부터 "어머, 할아버지! 영화배우세요?"라는 말을 들었다니 그 인물이 짐작이 간다.

김외순 어르신은 시집올 때 비단 공단으로 된 옷을 30벌이나 해와서 동네 사람들이 구경 올 정도로 부잣집이었던 친정을 떠나 농토가 없는 집의 맏며느리로 사는 게 쉽지는 않았다. 땅 가진 사람이 부러워서 아들과 딸이 어느 정도의 여력을 갖추자 땅 좀 사달라고 부탁했단다. 아들과 딸 덕분에 비닐하우스 두 동을 지어 수박과 양상추 농사를 10년 이상 했다. 50포 이상의 거름을 나르고, 비닐을 묶고, 비료를 나르는 그 모든 힘든 일을 혼자 다 했다. 남편 떠나고 없는 지금은 힘에 부쳐서 텃밭 농사만 짓는다. 자식들은 제발 그만하라고 하지만 본인 땅이 아닌 골목의 풀까지 정리하느라 그녀의 손톱은 자랄 새가 없다.

그녀의 집 거실에는 '부모를 섬기고 가정을 화목하게 하는 효자 효부의 표본'이라서 청송회 회장이 주는 30년 전에 받은 표창장이 걸려 있다. 어려운 시절을 잘 이겨내고 지금은 아들과 며느리, 딸까지 초등학교 교장으로 키운 장한 어머니의 삶이 한눈에 보여 가슴이 뭉클했다.

 '채소 가꾸는 마을' 신송. 물이 좋고 아름다운 사람이 사는 작지만, 알찬 그곳이 오래도록 기억에 남을 것 같다.

글·사진 양선례

애국지사의 얼이 살아 숨 쉬는 송현 마을

송현(松峴) 마을은 신송 마을 바로 옆 골목에 있다. 소나무 송(松), 고개(재) 현(峴)을 쓴다. 이름에서 알 수 있듯이 '솔고개' 라고도 하며 송현에서 대리로 가는 고개에 있는 마을이다. '솔

송현 마을회관

고개'에는 느티나무 한 그루와 서어나무 세 그루가 큰 그늘을 드리우고 있었다. 멀리 바다처럼 보이는 비닐하우스, 하동읍과 진월면을 잇는 붉은 아치 모양의 섬진강 대교가 한눈에 들어왔다. 재를 넘어가는 바람이 시원했다.

주민 김기현(58세)의 도움을 받아 마을을 둘러보다가 한 집에 들어섰다. 포항에서 생활하다가 정년퇴직하자 고향으로 돌아온 서은열(64세) 씨 집이다. 그는 3남 1녀의 맏이로 3년 전에 어머니가 돌아가시자, 귀향했다. 고향 떠난 지 45년 만의 일이었다. 어머니 집 마당에 농막을 지어 주중에는 주로 이곳에 머문다. 900평 땅에 하우스 세 동을 지어 양상추를 2모작으로 키운다. 광양농업기술센터에

서 1주일에 한 번씩 6개월 동안 귀농 교육을 받았지만 농사는 여전히 어렵단다.

  길잡이 김기현(58세) 씨는 남해군청에서 35년을 근무하고 작년(2023년) 12월 31일자로 퇴직했다. 아이들이 어렸을 때부터 거의 매주 주말마다 남해와 진월을 오갔다. 혼자서 종종거리며 농사를 짓는 어머니를 차마 떨칠 수 없어서였다. 퇴직한 지금은 주중에도 이곳에 머물 때가 많다. 그의 아내는 그를 보고 "당신은 어머니랑 결혼했다."고 했다지만 2남 3녀의 장남으로서 할 일을 했을 뿐이라고 말한다. 서은열 씨는 그런 그를 '효자'라고 칭송했다.

임진왜란 때 공을 세운 김대례 공적비가 있는 송현 마을

  매실이 주렁주렁 열린 길을 따라 한 바퀴 돌다가 김대례(金大禮) 공적비를 만났다. 김대례는 본관은 김해, 자는 여대(汝大), 호는 성재(誠齋)로 1573년 경기도 양주군에서 태어났으며 어렸을 때 어머니를 따라 광양현 월포면 송금리로 이사하였다. 공의 나이 18세 되던 해

송현 마을 김대례 공신각 외부

송현 마을 김대례 공신각 내부
(출처: doopedia.co.kr)

에 "사나이가 세상에 태어나서 하필 구구하게 붓과 먹 속에 있는 시(詩)와 서(書)를 일삼겠는가?"라며 붓을 내던지고 무과에 급제하여 벼슬길에 올랐다.

공은 임진왜란이 일어나자, 충무공 이순신 막하에 들어가 노량, 남해, 순천, 왜교성, 섬진강 하구와 묘도에서 왜군을 격퇴하여 큰 공을 세웠다. 섬진강 하구를 방어하라는 임무를 받고 앞장서 싸우다가 적군의 총에 맞아 1598년 25세의 나이로 전사하였다. 조정에서는 공신록과 호남절의록에 등재하여 녹권(錄券, 공신의 훈공을 새긴 쇠로 만든 패)을 하사하였다. 수십 년이 지나 공의 10세손 학조가 그 행적을 면밀하게 조사하여 초혼을 지냈던 여수시 묘도에서 묘석 봉분을 확인하고 선친 묘가 있는 광양시 진월면 송금리에 이장하였다. 김씨 문중과 유림의 협조를 얻어 1676년 9월에 공신각을 건립하였다.(『광양시지』에는 1856년에 공신각 정려비가 세워졌다고 기술하였지만 오기로 보임.) 공의 업적을 기리려고 2007년 광양시에서는 시 향토문화유산 제6호로 지정하여 관리·보존하고 있다.(김대례 공적비 표지판 참고)

임태일 애국지사 현충 시설   임태일 지사 국가 유공자 증서

독립 만세 시위를 하려다 투옥된 임태일 애국지사 흔적

　송현 마을에는 임태일(任泰馹, 1899~1959년) 애국지사의 흔적도 있다. 그는 1919년 4월 15일 광양시 진월면에서 독립 만세 시위를 하려다 일본군 헌병에게 체포되어 징역 6개월을 언도받았다.(국가보훈부 현충시설 정보 서비스에서 발췌,『광양시지』에는 3년간 옥고를 치렀다고 기록되었으나 역시 오기로 보임.) 정부에서는 1992년에 대통령 표창을 추서하였다. 현재 그의 생가터는 국가보훈부 지정 현충시설로 분류되어 유족 임병철 씨가 관리하고 있다.

　그런데 이렇게 되기까지는 한 사람의 눈물겨운 노력이 있었다. 바로 경기도 곡선초등학교를 마지막으로 42년간 지키던 교단을 정년 퇴직하여 섬진강 자락에 깃들어 살고 있는 허숙희 씨 덕분이다. 그녀는 경기도교육청의 방과후·돌봄 시스템을 확대하여 '종일 돌봄 꿈나무 안심학교'를 운영하고, 경기도교육청 장애 학생의 진로를 돕는 바리스타 카페를 여는 등의 공로를 인정받아 제25회 눈높이 교육상을 수상한 실력자다.

　18년을 모시던 어머니도 돌아가시자, 퇴직 이후 현장의 경험을 살려 다문화 가정 자녀와 외국인 근로자의 한국어를 지원하려고 새로운 공부를 시작하던 그녀는 남편의 건강이 나빠지자, 과감히 인생의 방향을 틀었다. 그리고 남편의 탯자리지만 오래 비어 있었던 옛집을 수리하여 송현 마을에 새 둥지를 틀었다. 그리고는 임태일 애국지사의 얼을 잇는 사업을 시작했다.

　그녀가 사는 집 인근에 있는 지사의 생가는 너무 낡아 사라져 버리고, 빈터엔 후손들이 십시일반으로 돈을 모아서 세운 비석만이 덩그러니 서 있었다. 안타까운 마음에 관련 기관에 여러 차례 민원을 제기했고, 양희은이 진행하는 라디어 프로그램에 사연도 보내 소개도 하였다. 그녀의 노력 덕분에 드디어 그의 생가터가 2020년 10월에 현충 시설로 지정되었다. 그 이후 그녀의 바람대로 비석 주변이 대리석으로 단장되고 국기 게양대와 안내판이 세워졌다. 그러나 애국지사가 사는 마을답게 마을 전체에 태극기가 휘날리고 생가터 진입로에는 무궁화가 가득한 거리로 만들어달라는 요구는 아직까지 이루어지지 않고 있다. 그녀는 임태일 지사의 사진이 한 장도 없는 걸 알게 되었다. 흐릿한 사진 한 장을 후손에게서 얻어 연필 세밀화로 완성하여 전달했다. 독학으로 배운 거라고 하기엔 그 실력이 상당했다.

송현 마을 지킴이 허숙희 교장 부부

허숙희 교장이 그린 임태일 지사 초상화

그녀의 열정은 지금도 계속되고 있다. 기후 위기 시대에 맞는 저탄소 교육 실천을 목표로 2024년 3월 23일에 전라남도에서 유일하게 지정된 '광양 환경교육센터'에서 강사 요원으로 활동하고 있다. 그녀는 학교로 찾아가는 탄소중립 실천 교육의 하나로, 기후 위기와 탄소 중립, 이에스지(ESG)의 가치, 나의 탄소 발자국, 지구를 살리는 그린잡 등 환경과 관련이 있는 강의를 주로 한다. 단지 지식을 아는 데서 그치지 않고 실천으로 이어질 수 있도록 체험이 결합된 수업을 함께한다.

'탄소중립 실천가 양성 교육'을 이수하여 '지구를 위한 옷은 없다.'라는 주제로 패스트 패션과 의류 폐기물 문제를 다루기도 한다. 그녀는 전남 유일의 환경 교육센터에서 일하는 자부심으로, 느리지만 뚜벅뚜벅 걸어간다. 최근에는 너튜브에 섬진강변에서 사는 일상을 올리는 재미에 푹 빠졌다. 그녀의 인생 2막을 응원한다.

애국지사의 얼이 살아 숨 쉬는 송현 마을을 둘러보았다. 한 폭의 그림처럼 아름다운 허숙희 교장 선생님의 마당에서 사진을 찍다 보니 어느새 해가 국사봉에 걸려 있었다.

글·사진 양선례

역사와 문화의 품격을 갖춘
차동 마을

 차동 마을을 찾아간 날은 신록이 아름다운 계절, 5월 말의 늦은 오후였다. 멀리서도 품위 있어 보이는 고택 용암세장이 먼저 눈에 들어왔다. 마을 입구 오른쪽으로 수려한 고목과 잘 어우러진 저수지 옆에 정자가 있었다. 처음 만난 필자에게 깨끗한 자리에 앉으라고 이장님과 어르신들이 바닥을 닦고 계셨다. 감동이란 말은 이럴 때 쓰는 것이다. 저수지에서 불어오는 바람이 때 이른 더위를 잊게 해 주었고 어르신들은 더없이 소박하고 정겨웠다.

저수지 속으로 들어간 용바위

 정자 옆 논에 모판을 보며 할 일이 많다면서도 작년에 광양시에서 만들어준 마을지를 참고하라고 연세보다 훨씬 젊어 보이는 백정윤(70세) 이장님이 마을지를 챙겨 주셨다. 안진수(74세) 어르신이 몇 번씩 수정하면서 마을지를 만드는 일에 참여하셨고 수고한 만큼 마을지가 잘 만들어져서 뿌듯하고 자랑스럽다고 하셨다.

필자가 한 경치 더해준다고 생각한 저수지에 대해서는 아쉬움이 가득한 표정을 지으셨다. 인구도 많았고 아름다운 마을이었는데 저수지가 안 생겼으면 대한민국에서 제일 좋은 마을일 것이라고.

"저기 보이는 돌 밑에 용바구가 있어 사람이 넘어 다녔어. 머리가 저쪽 논에 있고 꼬리는 이쪽 논에 있었어. 한 10미터는 되었지. 꼬리 쪽에 하얀 꽃이 피는 나무가 있어서 꽃이 활짝 피면 용꼬리가 하얗게 보였어. 정말 멋있었지."

용바위 흔적

물 위로 조금 나와 있는 바위를 보며 필자는 바위덩이 하나의 길이가 10m쯤 된다고 생각했는데 무더기 무더기로 연결된 바위가 자그마치 10m나 된다는 것을 나중에야 알게 되었다. 사진이 없어 몹시 아쉬워하던 차에 용암세장에 사시는 안영주 선생님께서 저수지 물이 빠졌을 때 찍은 용바위 모습을 보내주셨다. 흔적으로만 가늠해 보아도 웅장하고 신기했으리라 짐작되었다. 용바위가 물속으로 들어갔으니 용은 하늘로 승천할 때를 아직 기다리고 있는지 모르겠다.

저수지 물이 빠졌을 때 용바위 모습

아름다운 마을 풍경

"당산나무가 빼딱해서 머리로 쏟아질 듯했어. 용바구 때문에 제대로 못 커서 그리 생긴 거여. 장정이 서넛이 팔 벌려야 안을 정도로 컸어. 어릴 때 친구들과 이쪽 논에서 나무를 타고 저쪽 고랑으로 넘어 다녔어. 당산나무는 속이 다 비어도 잘 살았고 제를 계속 지냈어."

나무를 타고 이쪽저쪽 건너다니는 재미가 얼마나 좋았을까 생각하니 어르신들의 어린 시절 즐거워하던 모습이 그려졌다.

"토기를 굽는 굴이 있어서 기와를 구웠어. 곡마당에서는 보리랑 곡식을 동네 사람들이 지고 내려와 모아 놓았다가 타작했어. 그걸 동타작이라 했고 동타작 하는 날은 너도나도 타작하느라 동네가 떠들썩했어. 제각도 있었고 산수유 나무, 은행나무, 느티나무도 있었는데 다 저수지에 들어갔지."

차동 마을 입구 당산나무

이야기를 들으면서 바라본 저수지 맞은편에 아름드리나무가 보였다. 저수지 안으로 들어간 당산나무 대신 지금도 매년 7월 백중에 당산제를 지내고 있는 나무라고 한다.

나무를 심은 분은 안경천 씨로 그의 손자가 마을에 살고 있다고 안지수 어르신이 전화로 알려 주셨다. 그날은 저녁 시간까지 이야기가 길어져서 며칠 후 다시 그 느티나무를 보러 갔다. 1982년 보호수로 지정되었는데 당시에도 320년 되었다고 안내판에 기록되어 있었다. 질곡의 삶을 살아내면서 당산나무 앞에서 안녕과 평강을 염원했을 마을 사람들의 마음이 읽혔다.

차사리에서 내망까지의 들판을 '하도 평야'라고 부르는데 현재 저수지는 하도 평야의 중요한 용수원이 되고 있다. 필요한 것과 사라지는 것들의 공존은 풀기 어려운 수학 문제 같다. 공식은 있으나 과정에 따라 답이 다를 수 있기 때문이다.

역사적 문화적 가치가 있는 품격 있는 마을

차동 마을에서는 검·판사와 교육계, 중앙 정계로 진출한 인물들이 다수 나왔다. 굳이 이유를 따지자면 가뭄에도 마르지 않는 맑은 물과 산과 나무가 주는 정기 때문이라며 백정윤 이장님이 웃으신다.

제3대 진월면장을 지낸 운사 안경진 선생, 제8대 진월면장을 지내고 초대 전주시장이 된 춘사 상선 선생을 비롯해서 초등학교 교장을 지낸 안성선 선생 등 지역을 발전시킨 역량 있는 인물이 많다. 광양 군수로 발령받으면 안영주 선생님의 할아버지인 안경진 씨에게 제일 먼저 인사하러 왔다고 한다. 역사적 인물로 백범 김구 선생이 머물렀던 곳이고 매천 황현과도 깊은 인연이 있는 곳이다. 마을의 주류였던 순흥 안씨 집안과 매천 선생이 사돈지간이 되어 주고 받은 편지가 남아 있다.

저수지로 들어간 제각은 용암 안명선의 조부인 안진묵의 효자비 정려비각이다. 1978년 마을 저수지를 만들면서 현재 위치로 옮겼는데 비각은 없어지고 비만 남게 되었다. 마을 중심부를 차지하고 있는 용암세장이 광양시 향토문화유적 제15호로 지정되어 있으니 딱히 뭐라고 안 해도 마을의 품격이 느껴지는 곳이 차동 마을이다. 용암세장은 워낙 유명하여 찾는 이들이 점점 늘어나고 있다. 용암세장 이야기는 나중에 따로 쓰고자 한다.

재미있는 지명

마을 동쪽에 있는 '강대징이'는 정상에 오르면 여수와 남해 앞바다까지 보인다. 진상 중·고등학교의 통학로였던 큰재, 청암리 목과촌으로 가는 고개 상재, 소를 먹이며 놀던 정박산, 날이 궂은 날엔 어린아이의 울음소리가 들렸다는 택개골, 함자골, 비산골, 슬개골, 서당골, 삼박골 등은 차동이 깊은 골짜기를 품고 있는 마을임을 알려준다. 옛날 안씨가 벼슬하여 그 표적으로 솔대를 세웠다고 하여 '솔때매미'라고 부르던 곳은 마을 앞에 있는 논이다.

89세 김형심 할머니가 재미있는 이야기를 들려주셨다. 어찌 그리 기억력도 좋고 말씀도 잘 하느냐고 했더니 장수의 비결은 역시 좋은 물과 좋은 사람들이라고 하셨다.

"저그 제일 높은 산 몬당에 가면 바위가 있는디, 그 바위가 흐거니 (하얗게) 보이면 마을이 안 좋다고 혀서 나무를 베지 말라고 혔어. 나무가 자라서 이파리가 많아져 가꼬 그것이 안 보잉께 월매나 다행헌 일이여. 바위에

마을 어르신들과 백정윤 이장님

물이 흘러 반질반질해서 흐거니 보이니 숭했제."

아마도 강대징이에 있는 바위 이야기 같았다. 이장님도 재미있는 이야기를 들려주셨다.

'돌방세(새?)'라는 곳은 터가 세서 마른 나무를 꽂아 놓아야 아이 말문이 트인다고 한다. 지금은 길을 놓느라 다듬어서 작아졌다고 하는데 확인할 바는 없었다. 이야기를 듣는 내내 어른들에게서 마을에 대한 자부심이 느껴졌다.

"우리 동네는 양반 동네여. 사람들이 건강하고 환경도 좋은 데다가 인정도 많제, 훌륭한 인물들도 많이 났제, 제일 살기 좋은 곳이여. 좋은 동네여."

좋은 동네라고 몇 번이고 강조하시면서 이야기를 정겹게 들려주신 어르신들의 건강과 마을의 발전을 진심으로 기원한다.

글·사진 박옥경

신비롭고 품격 있는 으뜸의 집,
용암세장(龍巖世庄)

 필자가 용암세장을 찾았을 때 용암세장 담장과 암사초당 보수 공사가 한창이었다. 글을 쓰면서 보충할 부분이 있어서 다시 찾았을 때는 담장과 암사초당이 말끔하게 완성되어 보기 좋았다. 암사초당이 완성된 후 소설가 안영 선생님이 다녀가시면서 흡족해하셨다고 들었다.

용암세장

용암세장은 순흥 안씨 용암 안명선 선생의 가택으로 부친인 운사(雲史) 안경진 선생의 주도하에 1929년 건립한 근대 한옥 건축물이다. 안명선 선생은 자신의 호를 '용암(龍巖)'으로 사용하였으므로 '용암세장(龍巖世庄)'이라는 당호를 지었고 부친인 운사 선생이 친필 휘호로 현판을 만들어 사랑채 처마 밑에 달았다.

운사 선생은 암사초당과 용암세장에서 5남 1녀(안상선, 안명선, 안채선, 안정선, 안종선과 외동딸 안계희)와 그 자손을 양육하였다. 암사초당 대문에 다섯 형제들이 화목하게 살라고 '오화문(五和門)'이라는 현판을 달았다. 진목 마을에 살던 안종규 할아버지가 이곳 차동으로 이주하여 안씨 종가를 이루게 된 것이 오늘에 이르렀다.

용암세장 현판들

운사 안경진 선생이 쓴 용암세장(龍巖世庄) 현판 아래 1946년 김구 선생이 안경진 씨 회갑 기념으로 덕업우신(德業又新)이라고 써준 편액을 달았다. 안명선 씨가 거주하던 안채의 용암서실(龍巖書室) 편액 역시 같은 해 김구 선생이 써주신 휘호다. 김구 선생은 가슴에 총탄을 맞은 후로 글을 쓰려면

김구 선생의 총알체 글씨를 단 용암서실

매천 황현 선생이 쓴 편액

손이 떨려서 스스로 농담처럼 자신의 글을 '총알체'라고 불렀다. 용암서실(龍巖書室)과 덕업우신(德業又新)의 서체가 바로 이 총알체다. 어지러운 세태에 김구 선생이 용암세장에 다녀가셨다는 것, 안명선 씨에게 동지(同志)라는 호칭을 사용했다는 것을 보면 그럴만한 뜻이 있지 않았을까 생각된다.

매천 황현 선생과의 인연도 특별하다. 매천 선생은 경휘 할아버지(안영주 선생님의 양할아버지)의 친구였다. 두 분이 주고받은 편지첩이 3권인데 한 권은 분실되어 '여견기인(如見其人)', '매천수간(每泉手柬)' 두 권만 남아 있다.

용암서실 현판 옆에 걸린 편액 '효자안공행장'은 황현 선생이 지은 것인데, 2024년 11월에 효자비의 정려각을 복원하여 원래의 위치로 되돌려졌다.

사랑채의 '지란실(芝蘭室)'은 추사 김정희 선생의 글씨이다. 6·25전쟁 중에 원본은 누군가 가져가 버렸다고 하니 안타까운 일이다.

안영주 선생님의 남편 베토벤 선생님 -첫인상이 음악책에서 본 베토벤을 닮아 필자가 그렇게 부른다- 은 방문객에게 누마루에서 항상 좋은 차를 대접하신다. 누마루의 운오헌(雲吾軒) 현판은 베토벤 선생님의 지인 서예가가 호를 짓고 써준 것이다. 용암세장의 현판들을 보면 필자도 역사의 중심에 서 있는 듯하다.

용암세장의 가치

용암세장은 알려진 대로 암사초당과 총 여섯 채를 묶어 광양시 향토문화유산 제15호로 지정·보호되고 있으며 건축사적으로 귀중한 자료가 되고 있다. 용암세장이라는 당호가 용바위와 관련 있다고 대부분 알고 있지만 앞에서도 말했듯이 안명선 선생이 사용하던 호가 용암이어서라고 한다.

손님을 접대하는 누마루

용암세장의 문화적 가치에 대해서는 보도자료가 많다. '용암세장의 꿈'이라는 다큐 영상에서 목포대학교 건축학과 김지민 교수가 100여 년에 걸친 끝에 1929년 완공된 용암세장은 '신비스럽고 품격 있는 으뜸의 집', '정성과 공을 들인 집'이라고 소개하고 있다. 2미터가 넘는 갑석, 잘 다듬은 둥근 초석, 방을 중앙에 두고 대청 누마루를 양쪽 끝으로 배치한 점, 굉장히 큰 판대공을 과감하게 사용한 점을 높이 평가하고 있다.

"이 집이 아름다운 것은 사용하기는 좀 불편해도 안채와 사랑채의 높낮이를 달리하면서 산세에 맞게 지어 위용이 남다르다는 거야. 내가 어릴 때 밥 얻어먹으러 오는 사람들이 많았는데 절인 줄 알고 왔다고 했어."

안영주 선생님의 말씀을 들으니 동네에서 제일 크고 높은 집이라서 그럴 만도 했겠다는 생각이 들었다.

필자는 누마루에서 지란실(芝蘭室)로 통하는 문이 일반 문살이 아닌 밖으로 향할수록 두께가 얇아지는 형식을 처음 보았다. 즉 창호지와 닿는 부분은 두껍고 바깥쪽으로 갈수록 얇아진다. 용암세장 안채와 사랑채 전체가 이렇게 만든 문살이다. 문살 하나에도 이토록 공을 들였으니 독창적이고 실용적인 근대가옥이 아닐 수 없다. 예술성과 세심한 손길을 느낄 수 있는 역사적 가옥이 우리 지역에 있다는 것이 얼마나 귀하게 여겨지는지 모르겠다.

용암 안명선 조부 안진묵의 효자비 정려비

효자비를 찾아볼 요량이었으나 필자가 효자비를 얼른 찾지 못해 결국 안영주 선생님의 도움을 받았다. 도로 옆 무성한 감나무 잎에 가려져 필자뿐만 아니라 그 누구도 얼른 찾기 어려워 보였다. 후대에 귀감이 되는 효자비를 눈에 잘 띄게 팻말이나 이정표를 세워 두면 좋겠다.

안진묵 선생은 용암 안명선 선생의 조부이다. 효자비는 1978년 마을 저수지 공사로 현재 위치로 옮기면서 비각은 없어지고 비만 남았다. 비에 새겨진 효자비기는 매천 황현 선생이 직접 글을 짓고 쓴 것으로 문학적 가치가 높다. 이 중 '맏아들 경휘는 몸을 삼가고 바르게 하는 공의 자세를 집안 대대로 전하려고 나에게 선조의 행적을 기록하여 후대의 증거 자료로 삼을 수 있게 해 주기를 청하였다.'라는 대목이 있다.

후손들이 지역과 사회에서 모범이 되고 선을 베풀며 어울러 잘 살아가라고 남긴 자료라고 생각한다. 부모님이 편찮으시면 허벅지 살을 베어 구워 드리고 손가락을 베어 피를 마시게 했다는 효자 이야기를 어릴 적 할머니가 해 주셨는데 그 이야기가 안진묵 선생의 이야기였을 줄이야.

이후 2024년 12월 21일에 효자 안진묵 선생 정려비각이 복원되었다. 후손들이 정성을 모아 세운 것으로 정려비각 안에는 오랜 세월 비바람에 마모된 원래 비석과 그것을 새롭게 복제한 화강암 비석을 나란히 세웠다.

비 앞면에는 '孝子贈童蒙教官朝奉大夫安鎭默之閭(효자증동몽교관조봉대부안진묵지려)'가, 뒷면에는 노사(蘆沙) 기정진(奇正鎭)의 손자이며 을미사변 후 호남창의 총수로 추대된 의병장 송사(松沙) 기우만(奇宇萬)이 쓴 '孝子贈童蒙教官安公旌閭記(효

복원된 안진묵 선생 정려비각

자중동몽교관안공정려기)'가 새겨져 있다. 정려각 윗부분에는 매천(梅泉) 황현(黃玹)이 쓴 '孝子安公行狀(효자안공행장)'을 걸어 정려비와 잘 보이게 배치했다.

  필자가 처음 찾았을 때 호박 덩굴이 무성하고 잡초와 감나무에 가려 어디 있는지 눈에 잘 띄지 않던 정려비 비각이 복원되어 마을 입구에 자리 잡으니 보기 좋다. 마을이 더욱 빛나 보이고 효행을 널리 알리고 후손들에게 귀감이 되는 기회가 되니 더 의미 있고 가치 있어 보인다.

덕을 베푸는 삶

  안영주 선생님은 순흥 안 씨의 28대손으로 남편분과 함께 안주인으로서 용암세장을 정성을 다해 관리한다. 안채에 있는 팔각 창이 참 예쁘다고 했더니 팔각 창도 누가 모두 뜯어가서 다시 만든 거란다. 우리 문화유산을 팔아먹는 사람들이 이 땅에 있다는 것이 참 부끄럽다.

  안영주 선생님의 어머니(박효례 씨)께서 덕을 많이 베풀어서 어머니 덕분에 안영주 선생님도 동네에서 신뢰와 사랑을 받는다. 어머니는 마을에 산모가 있으면 미역과 쌀을 충분하게 제공하는 등 어려운 사람들을 정성껏 대했다. 먹을 것을 이것저것 챙겨다 주시며 안녕을 묻는 동네 분들이 안영주 선생님도 고맙다고 하신다. 지난 번 차동 마을 취재할 때 백정윤 이장님이 안 씨 집안으로 인해 마을 사람들이 먹고 살았다고 하신 말씀이 생각났다.

"그러면 일제강점기인 그때 너무 잘 살았던 것 아닌가요? 우리 민족은 어려움을 당하고 있던 때요."

용암세장을 찾은 초등학생의 똑똑한 질문에 베토벤 선생님은 이렇게 설명하신단다.

"해방되고 나서 모든 지주들이 도망가거나 마을 사람들에게 맞아 죽었어. 그런데 순흥 안씨 집안 사람들은 도망가지도 맞아 죽지도 않고 마을 사람들과 여전히 잘 살았지. 또 김구 선생님이 방문하셨다는 것은 나라의 중요한 어떤 일을 하는 데 도움을 받을 수 있어서가 아닐까 추측해 본단다."

틈날 때마다 풀을 뽑고 꽃을 심고 길냥이들까지 돌보면서 안영주 선생님과 남편 분이 용암세장을 가꾼다. 이 지역의 자랑스러운 향토문화유산 용암세장이 차동 마을의 아름다운 환경과 어울려 가치 있고 품위 있게 보존되고 향유되길 바라 마지않는다.

글·사진 박옥경

고즈넉한 고택, 열정이 뛰노는 진월

고목의 자태가 멋들어진
사동 마을

　신비로운 초록색을 품고 있어서 보고 있으면 필자의 마음도 초록으로 물들어 버리는 동네. 들판을 사이에 두고 멀리 떨어진 도로에서 바라보기도 하고 농로에서 보기도 하고 마을 길을 걸어보기도 하다가 한동안 생각 속에 담아두었다. 그러는 동안 사동 마을 앞들에는 나락이 익어 고개를 숙이고 있다. 벌써 누런빛을 띠고 이 삼복더위에 할 일을 다 마친 듯 보이니 존경스럽기 그지없다.

멋들어진 자태의 고목

사동 마을 정용래 이장님

　이장님을 만난 것은 차동 마을을 취재하면서였다. 사동 마을이 바로 옆 동네여서 이참에 이장님을 만나려고 전화를 드렸더니 자랑할 것도 특별한 것도 없는 마을이지만 와보라고 하셨다. 마을 입구에 들어서니 고목이 호위하는 듯 둘러싼 풍경 자체가 벌써 자랑거리로 보였다. 정자는 들이 환하게 내려다보이는 언덕에서 유리창으로 사방의 풍경을 흡수하고 있었다. 그야말로 신선이 머문다면 이런 곳일까 하는 생각이 들 만큼 청량감과 여유로움을 주는 풍광이 필자의 눈을 사로잡았다.

정자에 들어서니 역시나 현판에 낙선정(樂仙亭)이라고 적혀 있었다. 즉 신선들이 노니는 정자다. 멋들어진 고목 옆에 운치 있는 '정자나무 주방'은 어르신들이 정자에 나오시면 식사하는 곳이다.

정자를 보호하는 듯 둘러싼 고목

정자를 둘러싸고 있는 고목은 푸조나무 두 그루, 느티나무 한 그루이고 마을 입구의 가장 큰 느티나무는 7월 백중에 제사를 지내는 당산나무다. 네 그루 모두 1982년 보호수 지정 당시 500년 수령이니 마을의 대소사를 나이테마다 기록하고 있을 것이다. 임진왜란 때 당산나무 가지에 그네를 매어 탔다고 하는데 나라가 어려운 시기에도 강건한 자태로 위안을 주는 마을 지킴이 나무였나 보다.

광양시지에는 이 나무와 관련된 이야기로 나뭇잎이 돋는 형태를 보고 그해 농사의 풍흉을 점쳤다는 기록이 있는데, 어떤 방법으로 어떻게 점쳤는지 구체적인 이야기는 알 수 없다.

사동(蛇洞)이라는 이름

사동 마을 주민들이 정인화 광양시장(앞줄 가운데)과 기념 촬영을 하고 있다.

마을 뒤에 있는 큰 산을 '정백산'이라고 하는데 약 490년 전 진주 정씨가 먼저 입촌하고 나중에 백씨들이 들어와 살아서 그렇게 부른다고 한다. 이곳으로 피난 온 정씨 할아버지가 8남매를 낳았다고 하니 광양의 진주 정씨 시조라고 할 수 있겠다. 뒷산에 이와 관련된 비가 있다고 해서 올라가 보았다. 마을 회관을 지나면서 급경사의 오르막길이 시작되고 뒷산을 돌아내려오면 마을을 한 바퀴 돌게 된다. 비석을 보려고 산 쪽으로 올라갔지만 풀이 무성하게 자라서 들어갈 수도 가까이 갈 수도 없었다. 멀리서 풀 위로 보이는 비석의 상부만 몇 컷 찍고 내리막길로 들어섰다. 담쟁이로 가득 덮인 동화에 나올 듯한 집이 있었다. 아담한 사동 마을에 잘 어울려 보였다.

정씨의 시조 비가 있을 정도면 마을 이름이 '정동'일 성싶기도 한데 '사동(蛇洞)'인 것이 궁금했다. 광양시지를 참고하면 지나가는 고승이 지형이 뱀을 닮았다고 해서 그렇게 지은 것이라고 한다. 또 1960년대 말 사동 북쪽에서 진상 목과 마을로 넘어가는 고개 '배암재'에서 도로공사를 하던 중 수백 마리가 살고 있는 뱀 굴이 발견되어 그렇다고도 한다. 이장님은 실제로 뱀이 많은 건지 잘 모르겠으나 뱀의 먹이가 되는 쥐를 뜻하는 서씨 성을 가진 사람이 옛날부터 살고 있지 않은 건 사실이라고 하셨다. 고개 모양이 뱀처럼 구불구불해서 '뱀재'라는 이름이 붙어서 사동으로 불렀을 것이라고 추정하기도 한다.

배들이(배드리)

진월은 섬진강 하류 곳곳에 제방이 생기기 전에 모든 마을 앞까지 강물과 바닷물이 들어왔다. 사동과 차동 앞에도 푸른 물결이 찰랑거렸을 생각을 하니 그때는 더 아름다운 풍경이었겠다는 생각이 들었다. 배가 드나들어 지금도 배들이(배드리)라고 부르고 배를 느티나무 고목에 매었다고 하는 나루터가 나락이 익어가는 저쪽이 아니었을까 눈으로만 가늠해 본다. 상전벽해(桑田碧海)라는 말이 실감 나는 그곳에는 수구렁 논이 있다. 뻘이 허리까지 빠지는 곳은 농사를 지을 수 없어서 '수구렁 논' 혹은 '수구리 논'이라고 한다. 정자에서 내려다보이는 수구렁 논에는 갈대가 많이 자라 초록 밭을 이루었다.

"여수에 사시던 우리 할아버지가 배 타고 여기까지 오셨다고 해요. 선소에 무접섬이 있는데 지금 동주 카페가 있는 곳이지요. 거기도 섬이었어요. 돈탁과 중산에 패총이 있는데 바닷물이 들어왔다는 증거지요."

수로를 통해 이동하던 시절 70년대까지 망덕포구가 번창한 것은 마을 앞까지 바닷물이 들어와 주요 교통로로 이용되기 좋은 지리적 요건을 갖추었기 때문이다.

사동과 차동은 가깝고 차사리로 행정상 묶여 있어서 한마을 같은 느낌이 들기도 하지만 처음부터 산으로 경계가 명확한 다른 마을이다. 이장님이 학교 다닐 때는 45가구였으나 지금은 스무 가구 남짓밖에 되지 않는다. 그것도 주소만 있는 공 가구가 많아 실제 거주 가구 수는 13가구쯤이라 한다. 농촌 마을 어디나 있는 고민을 사동 이장님도 하고 있었다.

힘들지만 보람 있는 이장 일

사동에는 큰 인물도 없고 공직에 있는 사람도 없지만 외부에서 들어오는 사람들이 좋은 집을 짓고 사는 경우는 많다. 큰 인물이 없다고 하지만 광양동·중앙초등학교 교장을 지내고 국민훈장 동백장을 받은 이강명 씨가 있고 백형렬 씨도 동백장을 받았다. 정연욱 씨는

제32대 광양향교 전교를 지냈고 이강규 씨는 지역발전 유공으로 근정포장을 수상하였다. (광양시지 참고)

이장님은 사동에서 태어나 외지에서 직장 생활하다가 홀어머니를 모시려고 다시 왔다. 이런저런 이야기를 나누다가 이장님이 현재 용암세장 안주인이신 안영주 선생님의 제자라는 것을 알게 되었다. 이장님은 진월초 4학년일 때 선생님의 제자였고, 2년 후인 광양서초등학교에서 안영주 선생님이 필자의 담임을 맡았으니 이장님과 필자는 동갑이 되겠다.

동갑인 데다 선생님까지 같은 게 신기하고 반가웠다. 이장 일이 어떠냐고 물어 보았다. 작년부터 이장을 맡았는데, 가장 좋은 점은 진월면 이장이 서른한 명인데 서로 잘 알게 되어 발이 넓어진 것이라고 한다. 힘든 점은 안내 방송을 해도 연세가 많은 분들은 잘 못 알아들어서 집집마다 다니면서 다시 이야기해야 하는 것이다. 일일이 챙기고 필요한 부분은 시에 청해서 마을 분들이 만족한 결과를 얻었을 때 보람도 크다고 하니 이장 일이 딱 적격으로 보인다.

마을은 전체적으로 반듯한 길과 새집들이 단장되었지만 정비가 필요한 부분이 남아 있다. 인구가 줄어들다 보니 마을 정비는 더는 하기 힘든 상태여서 그게 마음이 불편하단다.

마을회관에서 진월 정미소 쪽으로 쭉 한길이다. 진월 정미소에서 마을회관 쪽으로도 마찬가지이다. 그 길에서 올려다보면 마을이 한눈에

사동 마을회관

다 들어온다. 들고 나는 길이 하나니 통풍도 잘 되고 누구네 집 찾기도 좋다.

나락이 어쩌면 저렇게 실하게도 익었냐고 물었더니 '누룽지 맛'이 나는 기능미로 1kg에 5천 원에서 만 원 정도 더 받을 수 있는 수익 좋은 농산물이라고 했다. 수확하면 꼭 먹어보리라 생각하며 나중에 제자 둘이 뭉쳐서 안영주 선생님께 인사드리러 가자고 했다. 그러자고 약속하고 나서며 멋들어진 고목을 쳐다보았다. 뙤약볕에 더욱 붉게 핀 칸나를 배경으로 시원한 바람이 고목에서 마을 쪽으로 초록초록 불고 있었다.

글·사진 박옥경

시(詩)와 동가(洞歌)가 있고
지적 수준이 높은 구동 마을

구동 마을

삼봉산 기슭 아늑한 동네/ 온화한 기운 마을 감돌고/ 선량한 사람들 품에 안았네/ 유유히 흐르는 섬진강가/ 청정한 자연은 마을의 표상/ 따뜻한 인정으로 서로 보듬고/ 정갈한 심성의 인재 배출로/ 우리 구동 마을 길이 남으리

詩 鄭華(本洞 金昌崀의 子婦)

정화 씨가 쓴 시가 적힌 구동 마을 표지석

마을 시(詩)와 동가(洞歌)

　마을 입구부터 남다르다. 비둘기 모양의 조형물 아래 '정화(鄭華)' 씨가 썼다는 '구동 마을' 시(詩)가 있고 '본동(本洞) 김창랑(金昌㝗)의 자부'라고 덧붙였다. 시로 초입을 여는 마을이라. '시인이나 예술가가 사나?' 궁금증이 일었다.

　노인회장인 김무환(77세) 어르신이 이장을 맡고 있을 때였다. 정화 씨 남편이 마을 표지석을 희사하면서 작가인 정화 씨가 기념으로 시를 썼다고 한다. 비둘기와 연관 있는 마을이라서 표지석 위에 비둘기 모양을 만들고 표지석 뒷면에는 구동의 유래를 적었다.

> 우리 마을은 풍수지리설에 의하여 산세가 말굴레 형으로 생겼고 마을 앞까지 바닷물이 들어와 굴래개라 불리었으나 그 후 시대의 변천에 따라 귀동(龜洞) 또는 구동(鳩洞)으로 불리게 되었다. 한일합병 전에는 서당이 있어 많은 인재를 양성하였고, 앞들은 섬진강 홍수가 범람하여도 피해를 입지 않은 면내 유일한 종자들이었다. 산 좋고 물 좋은 이 고장에 태어난 우리 후손들은 선대의 유지를 받들어 이 고장을 더욱 빛내자.
>
> 　　　　　　　　　　　　　　　2004년 5월 8일 구동 주민 일동

　자부심과 결속력이 단단한 바위처럼 느껴지는 글이다. 예전엔 청년들이 많아 짱짱하게 잘 나가는 마을, 90가구가 넘는 부자 마을이었다고 한다.

　"감히 다른 마을 사람들이 우리를 못 건드렸지. 교육자가 많이 나왔고 변호사도 몇 명 배출했어. 그 자녀들이 또 교육자가 되고 박사

가 되었어. 우리 마을은 지적 수준이 높은 마을이야."

동가(洞歌)

앞에는 국사봉에 뒤에는 삼봉산/ 기름진 농토에서 너도나도 자라나서/

문화촌락 이룩하세 구동 청년들

2절까지 있는데 자세히는 생각나지 않는다고 김무환 회장님이 1절을 불러주셨다. 동가(洞歌)가 있다는 사실도 신기한데 듣는 것도 처음이라 놀랍고 재미있었다.

광양시지에는 구렁진 곳에 위치한 포구라는 뜻의 '구렁개'가 한자 발음이 비슷한 글자로 음차되어 '구포(鳩浦)'라고 하였다가 '구동'으로 된 것이라고 기록되어 있다. 회장님은 산비둘기가 많아 비둘기 구(鳩) 자를 써서 구동(鳩洞)이라고 한단다. 추수 후 곡식 부스러기를 먹으러 산비둘기들이 들에 내려앉으면 사냥해 먹기도 했다. 무를 빠져 넣은 비둘기탕은 맛이 최고란다.

김무환 노인회장(좌), 김채범 이장(우)

대나무로 대학 보내다

"저 앞 논까지 물이 들어와 김도 했어. 우리 마을은 왕대밭이 좋아서 왕대로 김발을 만들었지. 곧은 소나무도 많아 말목을 만들려고 금호도, 태인도에서 와서 싣고 갔어. 논 한 마지기쯤의 대밭이 있으면 대학에 보낼 수 있다 해서 '대학 밭'이라고 했어. 대나무로 공예품을 만들어 팔면 수입이 좋아서 대밭에서 나오는 돈이 많았어. 우리 동네가 참 잘 사는 동네였는데 지금은 그렇지 않아."

마을회관 뒷산에 마른 대나무숲이 보였다. 3년 전부터 대나무가 꽃이 피더니 죽는다고 한다. 오죽 대나무는 마당 빗자루로 사용하는 부드러운 대나무인데 모두 죽어버리고 왕대만 남았다. 대나무 공예가 주업이던 때와는 달리 김 양식도 못 하게 되어 한참 동안 밤 농사를 하다가 후에는 매실 농사를 크게 했다. 그것도 수입이 많지 않아 지금은 자연산 고사리, 두릅, 엄나무, 취나물 등 봄나물이 주 수입원이다. 봄나물은 가격이 좀 있어서란다.

가재가 한 바구니 나오는 청정 장수 마을

첫 번째로 물이 좋아 장수마을이다. 104세까지 사시다 돌아가신 분이 계시고 93세 이상 되신 몇 분이 생존해 있다. 깨끗한 약산성의 우물이 다섯 개 있고 그중 두 개만 생활용수로 사용하고 있다. 우물가에 골담초와 구기자나무가 있어서 그 뿌리가 물에 스며들어 약물을 만든 게 아닌가 짐작한다.

김채범 이장이 사용 중인 우물을 보여 주고 있다.

"눈앞에 보이는 들을 종자 뜰(종자들)이라 했어. 홍수가 나도 가뭄이 와도 종자를 받을 수 있을 만큼 농사가 잘 되었다 해서 '종자 뜰'이야. 논 중간에 물이 퐁퐁 솟아 나오는 곳이 몇 군데 있어. 그 샘은 '각시샘'이라고 해. 물줄기가 좋아 민물 뱀장어, 참게, 우렁이, 다슬기가 살았어. 잡아다 나물과 함께 초장에 찍어 먹으면 별미였지. 청둥오리도 많이 살았어."

지방 상수도가 생긴 후에 간이 상수도로 쓰던 곳은 3km 파이프로 연결해서 직수장을 만들어 허드렛물로 사용한다. 청소할 때 가재가 한 바구니씩 나온다니 1급수 청정지역임은 두말할 것도 없겠다.

축사 냄새가 마을 입주를 어렵게 해

구동은 하동 방향으로 국도 2호선을 타고 진월 터널을 지나면 왼쪽으로 내려다보이는 옴팍하고 아늑한 마을이다. 뒷산이 북풍을 막아주어 겨울에 따뜻하고 내륙으로 깊이 들어간 지형 덕분에 태풍 피해가 없다. 마을 길은 벽화로 단정하게 정리되었다. 그러나 보이는 것만큼 이장님(김채범, 64세) 속내는 편치 않다. 마을회관 바로 앞에 슬레이트 지붕으로 방치된 집이 있다. 이렇게 관리 안 되고 철거도 안 되는 집이 50호 중 30호 정도라니 이장님의 답답한 마음이 이해가 간다. 바위가 담장 안으로 반 이상 들어앉고 나머지는 골목으로 걸쳐 있는 신기한 집도 있었다.

하지만 더 시급한 일은 여름에 창문을 열지 못할 뿐 아니라 잠을 못 잘 정도로 냄새가 심한 돼지 축사를 정리하는 일이다. 살기 좋은 곳으로 소문이 나 땅을 보러 왔다가도 냄새 때문에 외면하고 간다고 한다.

"축사가 있는 몇 군데 다른 마을은 태양광 시설로 대체하는 등 다 정리가 되었어. 우리 마을은 해결이 안 되어서 냄새 때문에 피해가 많아. 냄새 안 나는 살기 좋은 마을이 되면 좋겠어."

다른 동네가 부러워하는 동네였지만 지금은 제일 낙후된 동네라며 깨끗한 환경이 되면 좋겠다고 염원하는 목소리에 안타까움이 가득 묻어있다.

다시는 일어나지 말아야 할 비극

여순사건 피해가 심했던 곳이라 그 내용을 좀 더 알기 위해 방문한 날, 마을회관에서는 된장국 냄새가 구수하게 났다. 점심시간이 다 되었으니 식사하고 가라고 적극 권했다. 마침 배고픈 터라 못 이기는 척 밥 한 그릇을 어르신표 된장국에 말아 염치도 좋게 뚝딱 먹었다. 식사를 마치자, 양영자(77세) 어르신이 회장님 집으로 안내해 주셨다. 회장님은 여순사건 피해에 대해 확실하게 기억한다고 하셨다.

좌부터 양영자, 정순심 어르신과 김무환 회장님

"김창성 씨, 양이금 씨, 김이안 씨 세 분은 확실히 알고 있어. 진상서 옥곡 넘어가는 수달피 재에서 사살되었어. 빨치산 주둔지가 산 위에 두 군데 있었고 마을 사람들에게 식량을 짊어지게 해서 산으로 올라갔어. 아군과 반란군이 월길리 뒤쪽 매치재에서 총격전을 벌여 엄청나게 죽었어. 내가 어릴 때 돌을 깨 부역하는 곳에서 사람 뼈가 굴러다녔어."

정순심(73세) 사모님이 그때 사람이 얼마나 많이 죽었는지 포클레인으로 산을 깎아 공사할 때 핏줄기가 선명하게 보였다고 하셨다. 당시 하동에 주둔해 있던 빨치산 간부들이 섬진강을 건너 하동과 오갈 수 있는 구동에 피신처를 만들고 포섭 활동을 하였다. 이런 지형적 특성 때문에 피해가 집중적으로 발생했다. 누구나 하는 생각이겠지만 이토록 비극적인 일이 다시는 일어나서는 안 되겠다.

매봉산에는 선비들이 붓글씨 쓸 때 팔꿈치를 하도 고여 파인 바위가 있어 비가 오면 물이 고인다는 이야기, 깃대봉에서는 횃불로 신호를 주고받았고, 수리재를 넘어 진상중학교에 다닐 때 '따쭈리'라는 별명을 가진 황 씨가 비 올 때 학생들을 업어서 내를 건네주었다는 이야기, 보호수가 죽어서 베어내고 2013년도에 다시 심었다는 이야기, 진월초등학교와 진월중학교의 통합 계획에 대해서는 아이들이 없어서 걱정이고, 행정상 신구 2구로 되어 있지만 구동이 신기리(새터)보다 먼저 생겼으므로 신구 1구가 되어야 맞다는 이야기 등등 많은 이야기를 해주신 김무환 회장님과 김채범 이장님께 감사드린다.

'구동 마을' 시(詩)가 적혀 있는 표지석을 다시 한번 들여다보았다. 회장님은 시를 쓴 '정화' 씨에 대해서 확실히 모르겠으나 지금은 작가 생활을 하는 것 같지 않다고 하셨다. 고향의 표지석에 본인의 시를 새기는 일도 작가로서 참 뜻깊은 일일 것이다.

돌아오는 국도 2호선에서 내려다보이는 구동은 산으로 감싸여 온화하고 포근하다. 정담을 나누고 먹거리를 나누고 시간을 공유한 인연이 있으니 지날 때마다 눈여겨보고 궁금해할 것 같다. 호박 된장국처럼 구수하고 따뜻하게 오랫동안 필자의 가슴 속에 남아 있을 구동. 정겨운 동네다.

글·사진 박옥경

수어천 하구 신선 마을, 선포

선포 마을 표지석, 마을로 들어가는 외길

 남해고속도로가 진월면 진정리를 동서로 관통하고 있다. 진정리 북쪽으로는 116.7m의 잼비산이 솟아 있고, 동남쪽에는 천왕산(228.7m)이 솟아 있다. 진정리는 선포, 중산, 항동, 진목 등 4개의 자연마을로 이루어져 있다. 진정리(眞亭里)는 진목(眞木)의 진(眞)과 삼정(三亭)의 정(亭)이 합쳐진 이름인데, 진정리의 가장 큰 마을이었던 삼정마을은 1983년 진상면으로 편입되었다. 남해고속도로 옆에 중산마을이 있고, 바로 항동마을이 나오고, 나지막한 산 아래에 진목마을이 있다. 수어천 하구에 광영동을 마주 보며 자리한 곳이 선포 마을이다.

 선포 마을 표지석 너머, 수어천 하구의 너른 뻘밭이 한눈에 들어온다. 길은 외길, 길옆으로 푸른 벼 논과 여름작물이 자라고 있는 밭이 보인다. 외길을 따라 들어가니 마을회관 앞 수어천에 밀물이 들어 풍경이 고요하다. 물 건너 의암마을과 광영의 고층 아파트들이 보이지 않으면 한적한 섬 같은 분위기이다.

선포 마을은 270여 년 전에 진씨가 처음 이곳에 정착하였고, 그 뒤 성주 배씨가 입촌하여 마을을 형성하였다고 전한다.

본래 섬포(蟾浦)라 하였는데 두꺼비와 관련이 있을 것으로 추정되나 구체적인 내용은 알려지지 않았고 다만 오랫동안 이 이름이 사용되었을 것으로 추정된다. 그 후 선동(仙洞), 선포(仙浦)라 하였는데 마을이 후미지고 인적이 없는 곳이라 신선이 살기에 알맞은 곳이라 하여 선동(仙洞)으로 개칭한 것으로 보인다. 약 30년 전까지만 해도 포구가 있었는데 지금은 흔적만 남아 있다.

선포 마을 배씨 종가는 우거진 대숲이 터의 반을 가리고, 풀숲이 마당을 차지하고 있다. 오래된 동백나무가 굵은 열매를 매단 채 옛 시절을 웅변하고 있다. 5대 진월면장(1920~1923 재임)을 지낸 후 일체 바깥 활동을 끊고, 심지어 아들이나 손자 모두 신식 학교에 보내지 않은 채 자신의 집에 서당을 열고 가르쳤다는 배동훈(裵東熏) 옹이 살았던 곳이다.

일제 강점기에 일제는 지역의 유지들을 포섭하는 차원에서 유지들에게 면장 직책을 주기도 하였는데, 구체적인 연유는 알 수 없으나 일본 사람들 설처대는 꼴이 보기 싫다며 배 옹은 이곳에 칩거하였다고 한다. 당시 서당에는 선포 마을은 물론이고, 중산·항동·구룡 마을의 아이들이 모여들었다. 서당이 비좁아서 나이 든 아이들은 안에서, 어린아이들은 바깥에서 강의를 들어야 했다고 한다.

종가 앞쪽으로 누에가 누워 있는 형상의 개악산(광영 가야산)이 보인다. 수어천이 태인도 근처에서 바다를 만나는데 마을을 물이 감싸고 도는 형세라 터가 좋다고 한다. 인근에 소문난 부자인 순흥 안씨 일가의 소작을 부치지 않은 곳이 유일하게 이곳 선포 마을이었다고 한다. 배씨 종가의 큰집은 의사·약사를 많이 배출했고 작은집은 선생들이 많이 나왔다.

마을 앞 수어천 풍경

종가 바로 옆집으로 분가한 정영애(77세) 씨는 이름이 두 개라며 웃었다. 어려서는 '양순'이라 불렸는데 '영애'로 이름이 바뀌었다. 예전에는 출생신고 전에 죽는 아이들이 많아 집안에서 일종의 헛이름을 지어놓기도 했다. 혼인신고를 하러 간 시아버지가 헛이름으로 지어놓은 영애라는 이름이 마음에 들었는지 결혼 후 주민등록을 보니 영애로 개명이 되어 있었다고 한다. 이름을 바꾼 후 건강이 나빠져서 이름 탓인가 여기기도 했다며, 지금도 양순이라는 이름이 더 좋다고 한다.

아이 셋을 낳아 셋 다 대학 공부까지 시켰다. 시골 살림이 뻔한지라 속으로는 한 놈이라도 대학에 떨어지길 바랐지만 모두 합격하는 바람에 열심히 뒷바라지할 수밖에 없었다. 큰아들인 배수호(1971년생) 씨는 현재 성균관대 행정학과 교수로 재임 중이다.

시집을 오니 시할머니까지 계신 데다 남편 형제가 9남매나 되었다. 끼니 때마다 상을 서너 개씩 차려내야 했다. 대식구를 먹여 살려야 하는데 돈 나오는 곳은 별로 없고 김 농사가 유일한 호구지책이었다. 논농사 밭농사도 있었지만, 가족이 먹을 정도였다.

마을 앞 너른 강에 각종 수산물이 많았지만 팔 생각은 하지 못했다. 태인도·금호도 쪽에 김 밭이 있었는데, 마을에 할당된 김 밭을 다시 나눠 집집이 밭뙈기처럼 관리하였다. 그나마 '그것도 많이는 못 했다'고 한다.

선포 마을회관

선포 마을 외길은 예전에는 손수레가 한 대 지나갈 정도의 좁은 길이었다. 지금처럼 차가 비킬 정도로 넓어진 것이 한 십여 년쯤 되었다.

마을 뒷산이 천왕산이다. 매봉에서 장재마을로 넘어가는 재가 있었다. 워낙 외진 곳이라 새가 많이 살아서 새와 관련된 이야기들이 많다. 지금도 이곳에는 새가 많아서 정영애 씨는 "새가 머리 위에서 밟고 다닐라 해. 딱새, 갈매기, 청둥오리, 말도 못하게 많애."라고 한다. 매봉에는 매가 살고, 천왕산에는 독수리가 살았다.

몇십 년 전, 마당에 놀던 아기를 독수리가 채가려고 하는 것을 애 아버지가 보고는 간발의 차이로 떼어내 살렸다고 한다. 그 후로 아이들이 무서워서 마당에서 놀지 못하던 시절도 있었다.

"천왕산에 올라가면 말 발대죽(발자국)이 한 짝 있는데 다른 한 짝은 개악산(가야산) 몬당에 있다네." 천왕산과 개악산에 다리를 걸친 말의 가랑이가 찢어졌다는 전설이 있다.

마을회관에 모이신 어르신들. 왼쪽부터 안영희(75), 정영애(77), 진옥남(85), 정복임(67), 최옥순(80), 하항엽(67), 김효정(76), 정명순(95), 김선례(92)

한때 60여 가구나 되었던 마을은 지금은 33세대 55명의 주민이 살고 있다. 은퇴하고 들어와 부모의 농사를 짓기도 하고, 객지 사람들이 세 집인가 들어오고 30대도 한 집 들어왔다.

2024년 8월 7일, 선포 마을회관에는 무더위를 피해 아홉 분의 주민들이 모여 있었다. "여그가 신선이 산다는 동네요. 예전에는 선동(仙洞)이라고 불렀어." 올해 아흔다섯 자셨다는 정명순 어르신의 말씀이다. 아흔다섯이라고는 믿기지 않게 건강해 보인다. 비결을 물었더니 첫째 예수님을 믿어서이고, 둘째 막내며느리가 온갖 것을 다 해줘서이고, 셋째는 밥을 한 그릇씩 뚝딱하는데 가리지 않고 잘 먹어서라고 대답하신다.

마을 앞 수어천에 갈밭이 무성했다. 갈대가 금(金)나무였다고 이구동성으로 말씀하신다. 버릴 것이 하나도 없었다. 섶을 꽂아 김을 해 먹었고, 삿자리를 만들어 바닥에 깔았고, 갈꽃을 꺾어다가 빗자루를 매어 쓰기도 했고, 갈꽃을 한 묶음씩 짚으로 엮어 하동장(場)에 내다 팔기도 했다.

허드레 갈대는 추려서 땔나무로 쓰기도 하였다. 선포 마을은 천왕산 자락이어도 땔감이 부족했다. 갈비(소나무 낙엽)나 새깽이(마른 소나무 가지)는 엄두도 내지 못하였다. 산감(山監)이 눈을 부릅뜨고 지켰기 때문이다. 나무가 귀해서 아침이면 학생들 밥을 해먹이고 도시락을 싸야 하는데, 잘 마르지 않은 갈대는 연기만 나고 불기운이 약해 마음 졸이던 기억이 있다. 그 금싸라기 갈대밭이 제철소 물 댄다고 수어댐을 막는 바람에 민물이 내려오지 않으면서 다 죽어버렸다.

갈대가 무성했을 때는 백합, 우럭, 게, 갱조개, 문절구(망둑어), 민물장어가 무진장 많았다. 겨울에 초롱불 들고 문절구 잡이를 나갔다. 문절구가 추워서 옴짝달싹 못 할 때 두 손으로 움켜서 잡았다. 겨울 무를 밀어서 문절구 회를 무치면 막걸리 안주로 그만이었다.

갈대는 사라졌지만, 요즘도 너른 뻘밭에서는 조개며 재첩, 게가 많이 잡힌다. 마을 어촌계에서 관리하는데 물때에 따라 한 달에 보름 정도는 조업이 가능하다.

하항엽(67세) 씨는 조개잡이 선수다. 하루 나가면 일당 20만 원은 거뜬하다고 옆에서 거든다. 1kg당 공동기금을 얼마씩 내고 나머지는 잡는 사람이 가진다. 어촌계장(김보형, 65세)은 외지인이 못 들어오게 막기도 하고, 날을 받아 작업하는데 그 외 다른 날은 못 잡도록 독려한다.

마을 입구에 백로하강(白鷺下降)이라는 명당 터가 있다. 홍수에 떠내려온 구례 사람의 시신을 주민들이 의논하여 매장을 하였다. 그 자리가 명당이었던지 자손들이 잘 살게 되었는데, 자손들이 묘 앞에 비석을 세운 뒤로 그들의 가세가 기울었다고 한다. 그 까닭이, 백로가 날아가는 형국인 묘역에 무거운 돌을 얹은 꼴이 되어 백로가 날지 못하게 되니 발복이 끝난 것이라 한다. 지금도 그곳에는 구례 사람의 묘가 있다.

선포 마을은 도둑이 없다. 도둑이 들었다가도 외길에서 붙잡혀버리기 때문이라는데, 요즘은 몰래 쓰레기를 버리고 가는 양심 도둑들이 있단다. 농토는 적은 편이지만, 먹고 사는 데 큰 지장은 없었다. 장수하는 어르신도 많다. 아흔이 넘은 노인들도 치매에 걸리지 않고, 명대로 살다가 편안히 세상을 뜨는 마을이라며 동네 사랑을 아끼지 않는 선포 사람들의 얼굴이 환하다.

글·사진 정은주

고택이 있는 아늑한 마을, 진목

 2024년 7월 13일 토요일 오후, 진목 마을 문전옥답에 늙은 왜가리가 뒷짐을 진 주인처럼 당당하게 서 있다. 푸른 벼 논을 둥글게 가옥들이 둘러싸고, 대나무와 소나무가 어우러진 나지막한 산등성이가 마을을 또 둥글게 에워싸고 있다. 마을 가운데 고택이 자리 잡고 있다. 운강장(雲岡莊)이다.

진목 마을 문전옥답

마을회관부터 찾았다. 김숙자(84) 씨, 박순남(82) 씨, 김점순(73) 씨 세 분이 계셨다. "젊은 사람이 한나도 읎어!" "근디 어찌 딱 맞춰서 왔다요?"라며 웃으신다. 딱 1시간만 있다가 밭매러 가려던 참이란다.

"여그가 참나무가 많다고 진목이라요. 참나무가 어찌나 많은지 이 나무에서 저 나무로 건너 댕깄다네. 동네가 딱 들앉아가꼬 아늑하단 말이시." 운강장의 주인인 운강이 사촌 시숙이라는 김숙자(84) 씨는 연세보다 아주 정정하다. 운강장과 담을 맞대고 바로 윗집에 산다. 광양읍에 있는 향교까지 버스를 타고 이것저것 배우러 다닌다고 한다.

마을 가구 수가 얼마나 되느냐는 물음에, "시(세어) 보소." 서로 손가락을 꼽으려다가 "시보나마나 몇 집 안 돼." 한다. 진목은 현재 36세대, 67명의 주민이 살고 있다.

왼쪽부터 김점순(73), 박순남(82), 김자순(74), 김숙자(84) 어르신

진목 마을은 약 380년 전 밀양박씨(密陽朴氏: 노정공 박봉우)가 처음 입촌한 것으로 전하는데, 홍천골에 살던 홍씨들이 임진왜란에 화를 입었다는 기록이 있어 그 이전에 마을이 형성되었을 것이라 추정한

다. 현재는 순흥 안씨가 가장 많이 살고 있다.

　마을 입구 청룡등에 참나무가 많이 자생하고 있어 참나무쟁이, 참나무징이로 불러왔다. 직목(直木)이던 것이 차츰 진목(眞木)으로 변화되었고, 정자가 있어 진목정(眞木亭)이 되었다가 지금은 광양시 진월면 진정리 진목마을이라 한다. 주민들은 '진목쟁이', '새몰'이라고도 부른다.

　마을회관 바로 앞, 논으로 내려가는 곳에 우물이 있다. 요즘은 쓰지 않아 뚜껑으로 덮어놓았다. 여름에는 차고 겨울에는 따뜻한 물이 사시사철 넘쳐흘렀다. 마을이 번성했을 당시 60호 남짓한 가구가 모두 그 물을 썼는데 모자람이 없었다고 한다. 당시 광양군에서 수질 조사를 했는데 1등급을 받았다. "김 농사가 얼마나 물을 많이 쓰는가. 그 많은 김을 다 씻고, 먹고, 빨래하고 해도 항시 맑은 물이 솟았당게."

　당시 개인 우물이 있는 집도 몇 집 있었지만 대부분 가정이 이 우물의 물을 썼다고 한다. 우물물이 펌프 물로 바뀌고 다시 자동펌프로 바뀌는 동안에도 진목 우물은 여전히 1등급 물을 아낌없이 퍼주었다. 그러던 것이 10여 년 전에 상수도가 들어오면서 공동 우물의 기능을 잃기 시작하였다.

　마을 입구에 표지석이 있고, 근처에 마을의 보호수인 팽나무가 서 있다. 수령 250여 년, 15m 정도의 고목이다. 동민의 날에 1년 제사를 지낸다. 원래 섣달그믐날 지냈는데 지금은 백중날에 지내고 있다. 이장, 부녀회장을 비롯한 마을 사람들과 면장, 농협장, 마을 출신 인사 등이 참여해 1년이 편안하게 넘어가기를 바라며 지내는 제사이다.

이야기 도중에 한 분이 더 들어오신다. 김자순(74) 씨는 10여 년 전에 동네가 좋아서 이곳으로 들어왔다고 한다. 아저씨가 건축일을 하는 바람에 가보지 않은 데가 없는데, 진목에 눌러앉았다.

"홍천골은 산세가 아주 좋다요. 송장을 거꾸로 묻어도 좋다는 디요. 명당이라는 말인디, 예전에는 그곳이 공동묘지였소. 하도 터가 좋다고 하니 너도, 나도 그곳에 뫼를 쓴 탓이오." "근디 요새는 밭이 묵어 자빠졌어. 글을 잘 써 갖고 그 땅 좀 팔아봅시다, 하하. 전에는 서로 살라고 난리더니 요새는 아무도 안 돌아보요."

"다 납골당으로 가불지, 젊은 사람들이 묘를 돌보려고 하는가. 우리 집만 해도 선포, 장제에 묘가 있었는데, 다 동네 뒤로 이장해 부렀어."

마을에는 인물들이 많다. 안씨 집안은 대대로 이어진 부(富)로 자식 교육에 힘을 쏟았다. 1975년 문과에 급제한 안창범(安昌範, 1835년생)과 제1대 진월면장, 제4대 광양향교 전교를 지낸 안경준(安坰준, 1875년생)이 있다. 안찬호(安瓚鎬, 1933년생)는 진상중·진상종합고등학교 교장을 지냈다.

김숙자 씨가 손사래를 치는데, 아들이 인천공항공사 쿠웨이트 지사장과 스마트추진실 실장을 지낸 안정준(1967년생) 씨라고 한다. 박두규(1954년생) 씨는 광양 YMCA 사무총장, 전남도교육위원, 국립청소년우주센터 원장 등을 역임했다. 박성현(1965년생) 씨는 여수광양항만공사 사장으로 재임 중이며, 목포 해양대 총장을 지냈다.

마을에는 노정재(蘆汀齋)라는 재실이 있다. 노정공 박봉우가 370

여 년 전 장흥에서 이곳으로 이주한 것을 기리기 위하여 1979년 건립한 재실이다.

운강장 연못 너머 보이는 별채와 아래채

운강장(雲岡莊)은 순흥 안씨 고택이다. 증축이나 재수선을 거쳤을 것으로 보이며, 정확한 건축연대는 알 수 없다. 전성기에는 일곱 채 이상의 한옥이 있었다고 하는데, 지금은 안채, 별채(주인인 안정주 씨는 '사랑채1'이라고 부름), 아래채(안정주 씨는 '사랑채2'라고 부름) 일부만 남아 있다. 별채는 군데군데 기와가 떨어져 나가 현대식 기와로 땜질하였고, 그나마 풀이 기와를 뚫고 자라나 꽃을 피우고 있다. 운강장은 운강(雲綱) 안봉호(1898~1985)의 호를 딴 현판이 별채에 걸려 있어 붙은 이름이다.

조선조에 광양 거주자로 4명의 문과 급제자가 있었는데, 안창범은 그중의 한 명이다. 안창범(安昌範, 1835~1888)은 1875년 마흔하나에 문과에 급제하여 사간원 정언(정6품)과 사헌부 지평(정5품)을 역임하였다. 안창범의 과거 합격증서인 홍패와 시권(과거시험 답안지) 등이 보존되어 있는데, 김숙자 씨 말에 의하면 '큰어머니가 문서를 똘 몰아갖고 보존을 잘하셨다고' 했다.

운강들은 운강 안봉호 옹이 1960년대 후반 갈대밭을 베어내고 갯벌을 논으로 바꾼 곳이다. 당시 마을 사람들이 짐 지고 수레 밀어 피땀으로 일궜다. 참여한 주민들이 900평씩 땅을 나눠 받았다고 한다.

진목에서 차사에 이르는 토지 대부분이 순흥 안씨 일가 소유였다. 한때 광양 제1 부자라는 소문도 있었다. 오죽하면 좋은 상황을 빗대어 "진월 안봉호가 안 다(안부럽다)!"는 말까지 있었다고 한다. 당시 마을의 절반 이상이 안씨 일가의 소작농이거나 머슴살이 등을 해서 생계를 유지하였다. 1920년대 초등학교를 세울 때 안씨 일가가 큰돈을 내는 덕분에 면 소재지에 통상 소재하는 학교가 마을에서 가까운 방죽 마을에 세워졌다. 덕분에 아이들이 편하게 학교에 다녔다.

마을 주위에 갈대밭이 넓게 조성되어 있어서 주민들은 무성한 갈대를 쳐다가 삿자리나 삿갓을 만들어 팔았다. 80년대 초 광양제철이 들어오고 얼마 되지 않아 수어천 하구의 갈대가 다 말라 죽었다. 수어댐을 막아 민물이 내려오지 않아 갈대의 생장을 막은 것이 원인이었다.

마을을 돌아보던 중 한 주민을 만났다. 마을 홍보 일을 맡은 양현석(55세) 씨다. 진목 마을이 취약지구 연계사업에 선정되었다고 한다. 4년간 21억을 지원받아 올해 설계를 끝내고 내년부터 본 사업에 들어간다고 한다. 동네 안길, 담장, 지붕 개선 등의 사업과 젊은 층을 지원하는 일이 주 사업이 될 것이라고 하는데, 10년 후 진목 마을이 어떻게 변할지 기대가 된다고 하였다.

"모친이 93세인데 저도 모친 사후에는 이 마을에 있을까, 얼마 전까지만 해도 이런 생각을 했는데 이제 확실한 지향점이 생긴 것 같아요. 떠난 사람들이 돌아오는 마을, 관광객들이 들어오는 마을이라는 꿈을 꿀 수 있게 되었어요."라고 말한다.

한반도 13정맥의 하나인 호남정맥이 마을 뒤, 진목등을 지나 망덕으로 이어지고, 마을에서 가깝지도 멀지도 않은 곳에서 섬진강이 남해와 만난다. 진목에는 운강장이, 차동에는 용암세장이라는 고가가 있다. 인근에 있는 진월초등학교 자리에 초등학교와 중학교를 합친 통합학교가 26년 3월에 개교 예정이다. 마을은 고속도로와 국도, 최근에 개통한 자동차전용도로까지 지척에 있어 교통이 편리하다. 농촌 체험과 관광을 접목한 미래의 진목마을을 구상하며 주민들은 기대에 부풀어 있다.

글·사진 정은주

운강장(雲岡莊)의 소소한 이야기

진목 마을 이야기에서 운강장에 대한 이야기를 잠깐 언급했지만, 지역사회의 흔치 않은 고택이라 별도로 취재하기로 하였다.

순흥 안씨 고택인 운강장(雲岡莊)은 순흥 안씨 참찬공파 23세 취성, 24세 국신, 25세 영규, 26세 창범, 27세 윤석, 28세 경선, 29세 봉호, 30세 정주, 31세 재모로 이어지고 있는 안씨 가문의 가옥으로 지금은 30세 정주가 살고 있다.

건물 양식으로 보아 150여 년 전 안영규 대에 지은 것으로 추정된다.[12] 안정주 씨는 가옥의 건축에 관련된 이야기를 전한다. 아버지 안봉호 옹이 일본 와세다 대학에 유학 중일 때 집을 다시 짓고 있다는 연락이 왔고, 집에 돌아왔을 때 가옥 증축이 마무리되어 있었다고 한다. 1898년생인 안봉호 옹이 와세다 대학에 유학 중일 때면 대략 1920년쯤 재건축이 이루어졌다는 이야기이다.

지리산에서 베어온 목재를 섬진강 물에 1~2년 담가 두었다가 집 앞까지 이어진 수로를 통해 뗏목으로 운반하였다고 한다. 화려하게

---

12) 안영 작가가 엮은 『오, 아름다워라! 내 고향 진월』(광양신문사, 2019)

지은 한옥은 아니나 튼튼하고 실용적으로 지었다는 느낌이다.

운강장은 현재 세 채의 건물이 남아 있다. 안채와 별채(문간채, 사랑채로도 불림), 그리고 한 단 아래에 있는 행랑채(아래채로도 불림)의 일부 건물이다. 그중 안채는 외양은 그대로이나 내부는 현대식으로 고친 상태이다. 부엌과 방 1, 대청마루, 방 2, 방 3으로 되어 있는 구조이다.

운강장 안채 전경

운강장 편액이 걸린 별채

운강장 편액

별채에는 운강장(雲崗莊) 현판이 걸려 있으며, 안봉호 옹이 평소 생활하던 공간이라고 한다. 구조는 부엌을 중심으로 양쪽에 방이 있는 형태이다. 부엌 앞에는 잘생긴 절구통이 놓여 있다. 운강장 현판은 죽림리 대실 출신인 죽헌 박세래(1907~2001)의 글씨이다.

안채 바로 아래쪽에 있던 사랑채는 없어졌고, 안채 바로 옆에 있던 곳간도 없어졌다. 한창 운강장이 번성하던 시기에 일곱 채 정도 되었던 건물 중 네 채가 무너지거나 헐어 없어졌다.

26세손인 안창범이 과거에 급제한 후 봉토(封土)로 진목 마을 일대와 망덕산과 천왕산 곳곳, 옥곡 일부에 걸쳐진 넓은 땅을 받았다고 하니, 천석꾼 만석꾼이라 부를 만한 거부였다.

마당에 있는 거북 바위

운강장 안채 바로 앞마당에는 거북 형상의 제법 큰 바위가 자리 잡고 있는데, 풍수학상 거북 바위는 장수의 상징이며 재물복을 가져다준다고 여겨진다.

운강장(雲崗莊)은 양택풍수의 좋은 예시로 알려져 풍수학회나 관련 대학의 교수들이 1년에 한두 번은 학생들과 함께 와서 조사 겸 현장실습을 하곤 한다. 주산(主山)이 어머니 품속처럼 안온하고, 멀리 하동의 금오산이 조산(朝山) 역할을 하는데, 마을을 감싸안은 주산이 왕새우가 웅크리고 있는 형상이어서 반드시 물이 있어야 길하다고 한다. 진목 샘은 대밭을 거쳐 나오는 샘물로, 이 샘이 있어서 발복을 한 것이라 한다. 풍수사들이 말하는 운강장 터에서 가장 좋은 곳은 곳간이 있던 자리라고 하는데, 지금은 빈 터만 남았다.

물이 있어야 좋다는 말에 안정주 씨는 집 안, 미나리꽝이 있던 자리에 연못을 팠다. 큰 연못과 작은 연못을 파고 잉어를 길렀다. 70~80여 마리나 될 정도로 잘 컸는데, 어느 날 수달 가족이 다녀간 뒤로 쑥대밭이 되었다. 다시 잉어를 사다 넣었는데, 이번에는 커다란 왜가리가 날아와서 또 한 번 결딴을 냈다. 그래도 꿋꿋하게 잉어를 키우고 있다고 한다.

장마에, 된더위에 풀을 벨 엄두가 나지 않아 차일피일 미루었더니 멋대로 자란 풀이 1,000평 가까이 되는 터를 대부분 덮어버렸다. 추석이 돌아오니 아침저녁으로 풀을 베야겠다고 안정주 씨가 다짐한다.

안정주 씨 부부

안정주 씨는 1952년생으로 7남매 중 셋째 아들이다. 운강장에서 태어나 초등학교 때부터 순천에서 거주하며 순천고, 서강대를 졸업하였다.

나날이 쇠락해져 가는 집을 지키기 위해 동분서주하고 있으나 쉽지 않다. 향토문화재 지정 절차를 알아보았더니 가옥의 양식이나 형태, 가치를 본인이 증명하여야 한다는 말에 그만두었다. 설사 지정이 된다고 하더라도 집행하기까지는 시간이 걸리고, 그 절차 또한 복잡하여서 마음을 접었다.

이번에 진목 마을이 취약지구 개선 사업에 선정되면서 숨통이 조금

트일 것 같다고 한다. 담장 보수, 무너져가는 지붕 개선이 시급한데 개인 부담금 20%를 내면 어느 정도 급한 불은 끌 것 같다고 한다.

운강장의 가장 큰 보물인 홍패(과거 합격증)와 시권(과거시험 답안지) 등 고문서 22점과 유물 2점 등 총 24점을 지난 7월, 재단법인 한국학호남진흥원에 기탁하였다. 향토문화재 지정 가능성을 타진해 보았으나, 보관함 정도만 만들어 줄 수 있다는 답변에 도난 분실과 훼손 등을 우려하여 호진원(한국학호남진흥원) 기탁으로 가닥을 잡은 것이다.

진목 순흥 안씨 가문에서 돈을 제일 유용하게 쓰신 분은 경선 할아버지(1875~1946)였다고 정주 씨는 말한다. 초대 진월면장(1910~1914)과 제4대 광양향교 전교(1910~1919)를 지냈으며, 진월초등학교를 세우는 데 논 20마지기를 희사했다.

아버지 봉호 씨는 타고난 금수저로 조상의 혜택을 가장 많이 봤다고 할 수 있단다. 자식들 교육과 생활비 등으로 좋은 땅부터 차례로 팔아치웠다.

아버지는 안정주 씨한테 육사를 가라고 권했다. 첫아들의 납북과 둘째 아들의 전쟁 중 사망은 무엇보다 자기 자신을 지키는 게 가장 중요하다는 결론에 다다르신 것 같았다고 한다. 게다가 학비가 들지 않는 대학이라는 이유도 컸다. 그러나 아버지 뜻과는 다르게 서강대를 졸업한 뒤 대우그룹에 입사하고 그룹 내 노른자라 하는 투자금융회사에 들어갔다. 순전히 자신의 힘으로 떠난 유학길, 조지아대에서 MBA도 받았다.

부자 3대 못 간다는 말이 있듯이 안씨 가문의 부는 아버지 안봉호 대에서 끝났다고 본다며, 자신은 자력으로 헤쳐나온 셈이라고 하였다.

지나온 날을 돌아보니, 음이 있으면 양이 있고 양이 있으면 음이 있듯이, 세상사 사이클이라는 생각이 든다는 안정주 씨. 오르락내리락하는 일이 꼭 나쁘거나 좋은 것만은 아닌 것이 아내와 365일 24시간 붙어 지낸다고 한다. 같이 먹고, 자고, 운동 다니는 이런 소소한 일상이 좋단다. 안정주 씨의 말에 부인 곽도윤 씨가 맑게 웃는다. 웃는 얼굴이 평안해 보인다.

글·사진 정은주

교육열이 남달랐던 항동 마을과
오래된 삶터인 중산 마을

항동 마을

항동 마을 표지석

 마을 앞에 배롱나무꽃이 한창이다. 무더위로 지친 눈이 시원해진다. 마을 사람들은 외지인이 땅을 사서 배롱나무를 심었는데 시야를 가려 좋은 줄 모르겠다고 한다. 방문객과 터줏대감의 차이이다. 평생 보아온 풍경을 볼 수 없어 답답해하는 심정을 알 것도 같다. 그나마 시야를 가리는 것이 꽃나무여서 다행이다.

 대나무가 마을을 둘러싸고 있는 것이 인상적이다. 오래된 은행나무가 우물가에 서 있어 예스러움을 더한다. 우물은 지붕을 해놓았고, 파이프로 연결이 되어 있다. 지금도 사용을 하고 있어서인지, 물이 맑다. 은행나무 고목이 굵은 은행

은행나무와 우물

을 주렁주렁 매달고 있다.

약 335년 전에 밀양 박씨가 처음 입촌하여 마을을 형성하였다고 전하며 지금도 밀양 박씨가 동성촌을 이루고 있다. 고개 밑에 있는 마을이라 목마을, 목말, 목몰로 부르다가 한자어로 항동(項洞)이라 불리게 되었다.

예로부터 장수하는 사람이 많아 조선시대 수직(壽職: 해마다 정월에 80세 이상의 관원과 90세 이상의 서민에게 은전으로 주던 벼슬)을 받은 사람들이 많았다고 한다. 철종 조에 출생한 박세운·박철갑, 고종 조에 출생한 박은국이 모두 90세 이상 장수하였으며, 효자 박준득(1856~1951)의 효행은 마을 사람들의 자랑이다.

"박씨 집성촌이라 박씨들이 많이 살아요. 시조 할아버지가 박자 봉자 우자 어르신인데 특별한 것은 없소만, 어르신들이 근검절약하여 돈을 모아 자식 교육에 힘을 쏟았다오. 관직에 있는 자손들이 많아요. 면장, 체신부 국장, 전신전화국 국장, 교정직 소장, 장학사, 교장, 교육장을 배출했지요. 그 밑에 자손 중에는 검사, 변호사, 시청 공무원이 있고, 주로 관청에 근무하는 사람들이 많아요. 우리 같은 사람이나 여기서 벌초나 하고 살지."

동네 이장 일을 맡은 박임규(1949년생) 씨의 말이다.

망덕 배수장

윗대 박씨 할아버지가 대농이라 인근에서 돈을 빌리러 오곤 했었다. 태인도 등지에서 김을 할 때가 되면 대나무를 사러 오고, 깔(갈대)을 사러 오고, 돈을 빌리러 사람들이 마을에 왔다.

 지금은 대나무가 많이 없어졌지만, 예전에는 이곳이 대나무골이었다. 마을 어른들이 대밭을 관리하였다. 대밭에 나는 죽순은 물론이고 길가에 나는 죽순도 못 건드리게 했다. 행여 며느리들이 죽순을 뽑아 나물이라도 할까 봐 단단히 이르곤 하였다. 대나무가 자라면 다 돈이 되었기 때문에 손을 못 대게 한 것이다. 그렇게 아껴 모은 돈으로 자식들 학비를 댔다.
 진목 마을에 있는 노정재는 밀양 박씨 재실이다. 진월면장을 지낸 박봉래 씨가 퇴임 후 노정재에서 한문과 생활 법도를 가르쳤다.
 항동과 중산 사이에 망덕 배수장이 있다. 진월면 차사리·마룡리·진정리 지역을 담당하는 홍수조절 장치로 중요한 역할을 한다. 진등재 터널을 통하여 수어천으로 배수지역 물이 빠진다.

왼쪽부터 박임규(49년생, 이장), 이영엽(75), 안삼순(81세), 하금순(92세), 박정춘(87세), 요양보호사, 강영자(91세), 박부규(75세), 서석진(90세) 어르신.

사진을 찍자고 하니, 이영엽(75세) 씨가 "우리도 바빠, 깨를 새들이 다 묵어뿌러. 또순이를 끌러나서 그렇지. 삐둘기가 얼매나 영리한지 배롱나무 우게 있다가 사람만 안보이면 꾸꾸하고 기댐김시롱 다 쪼사묵고 댕기네. 하도 안되겠길래 또순이를 풀어놨드만 또순이가 딱 지키고 있응게 얼씬을 못허네. 교회 갈 때도 지키라 해놓고 갔다 왔네. 사람은 안 물어." 하니 옆에 있는 사람이 "주인은 안 물어도 낯선 사람은 몰라, 조심해야지." 하니, "그래야지요." 한다.

14가구, 23명의 주민이 사는 항동은 장수마을이며 인물을 많이 배출한 마을이라는 자부심이 느껴지는 곳이다.

중산 마을

중산 마을은 배암재의 산등성이가 길게 진월 장재 마을까지 이어지는데, 그 중간지점에 자리 잡았다고 하여 이름 지은 것으로 보인다. 남해고속도로가 마을의 바로 옆을 지나가는데, 고속도로 때문에 산등성이의 맥이 끊긴 것처럼 보인다. 270여 년 전 밀양 박씨가 처음 입촌하였다고 하고 전주 최씨가 처음 입촌하였다고 전하기도 한다.

마을회관 앞 전동차 행렬

남해고속도로 옆 낮은 구릉에서 신석기시대(기원전 4000~기원전 1000년) 생활 유물인 패총과 빗살무늬 토기 편이 발견되었다. 중산 패총은 신석기시대 이곳에 살았던 사람들의 생활상을 알 수 있는 중요한 유적이다. 남해고속도로를 확장하면서 단면이 발견되었고 회청색 경질토기편과 회색 연질토기, 신석기시대 빗살무늬 토기편이 함께 수습되었다. 현재 노출되어 있는 패각층은 길이 20m, 두께 1.2m 정도인데 대부분 유실되었다.

중산 마을에서 삼정 마을로 가는 도로변 밭 부근이 패총이 있었던 곳이라고 한다. 마을 어르신들께 패총에 대해 여쭈었지만 특별한 이야기를 들을 수 없었다.

회관에 모인 주민들 가운데 가장 연세가 많으신 서경자(86세) 씨가 열아홉에 시집왔는데, 마을 앞이 바로 바다였다고 한다. 중산길 도로를 따라 항동으로 가는 길목에 배를 매는 돌이 서 있었다. 지금은 쌀이나 콩, 깨 같은 작물을 심고 토란도 심지만 예전에는 갱조개를 많이 잡았다.

오른쪽부터 서경자(86), 김미자(74), 박상옥(82), 김소자(63), 정말임(80), 박인자(76), 김복남(73) 어르신

중산 마을 우물

맑은 물이 철철 넘쳐흐르던 우물은 관정을 판 뒤로 수량이 줄면서 못 쓰게 되었다고 한다. 마을 분들이 큰 돌을 일일이 등에 지고 와서 만들었던 우물이다. 힘이 장사였던 그 어른들이 모두 돌아가시고 모양이 좋던 돌들도 다 없어져 아쉬울 뿐이다.

마을 앞에 시설하우스 단지가 있는데, 대리 사람이 들어와서 파프리카 농사를 짓고 있다. 예전에는 마을 사람들이 하우스 일을 했는데 지금은 외국인들이 들어와 작업을 하고 있다.

24가구 38명의 주민이 사는 중산 마을은 현재 10가구 정도가 빈집이다. 관리가 되지 않아 미관을 해치고 해충 문제 등으로 골치가 아파 해결 방법을 찾아보는 중이지만 당장 뾰족한 대책이 없어 고민이다.

글·사진 정은주

진월의 옛 중심 사평들에
비닐하우스가 넘실거리는 사평 마을

 진월면 오사리 네 개 마을(사평, 돈탁, 오추, 추동)을 세심히 돌아보고 나니 문득 톨스토이의 단편 소설이 떠올랐다. 『사람은 무엇으로 사는가?』 소설의 주인공 미하일은 '사람은 걱정으로만 사는 것이 아니라 사랑으로 산다.'고 말하고 있는데, 이곳 주민들은 한국식 사랑, 즉 정(情)으로 산다. 네 마을은 위치나 규모, 생업 방식에서 조금씩 다르다. 하지만 착하고 부지런한 주민들은 하늘과 산, 강 그리고 바람의 도움을 받아 희로애락을 나누는 정으로 살고 있다.

진월의 옛 중심 사평(沙坪) 마을

 나지막한 할미봉(177m)이 마을을 뒤에서 감싸고 있고, 위로는 돈탁 마을과 인접하고 앞으로는 비닐하우스가 가득한 사평들(일명 오사들, 번덕들)이 펼쳐진다. 그리고 자전거길이 있는 제방을 건너면 바로 아름다운 섬진강이다. 76가구 132명이 살고, 오사리 네 마을 중 가장 큰 마을이다.

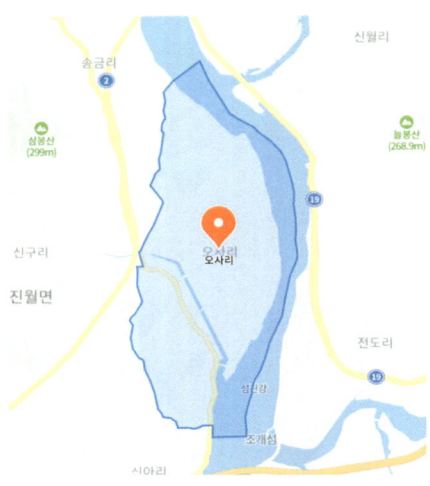

진월면 오사리는 섬진강 따라 남북으로 길게 늘어선 고구마 모양이다.(지도 출처: 네이버)

마을의 넓은 주차장 한쪽에 있는 마을회관을 찾았으나 추석 앞이라 문은 잠겨 있었다. 보통은 할머니 열댓 분이 모여 점심을 함께 드신다. 이장님한테 전화를 걸었으나 외지에 있어 길게 통화하기 어려웠다.

1926년 개교한 진월중앙국민학교와 1971년 개교한 진월중학교는 사평 마을 중앙에 있어 주민들의 소통과 문화공간 역할을 했으나 학생 수 감소로 각각 2002년 면 소재지에 있는 진월남중학교와 통폐합되었다. 다행히 이름은 그대로 이어받았다. 닷새마다 사평장이 열리고 나루터가 있었으니, 사평이 옛 진월면의 중심이라는 말이 지나친 말은 아닌 듯하다. 예순이 넘은 마을 어른들은 나룻배 타고 섬진강 건너 하동군 고전면 신방 마을을 왔다 갔다 하던 시절을 그리워하였다. 물론 지금은 하동교 다리를 건너 하동읍 장에서 물건을 사거나 친구를 만나기도 한다.

사평 마을회관

마을회관 뒤 전망 좋은 곳에 하얀 2층 집이 눈에 들어왔다. 집주인은 박종렬(63세) 씨인데 부산에서 건설업으로 꽤 큰 돈을 벌었고 아내의 부탁으로 이 집을 짓게 되었다. 아직 준공검사가 남았는데 벌써 동네 친구들을 몇 차례 초대하였다. 그런데 2층 외부 벽면에 검은 물때 자국이 보였다. 광양제철이나 하동화력발전소에서 날아오는 먼지 탓이 아닐까 생각하였다.

새집 주인의 친구이자 전임 이장인 이충원(63세) 씨를 만나 마을의 옛 추억과 오늘의 과제를 자세히 들을 수 있었다. 그는 이장을 두 번(6년)이나 할 정도로 주민의 신임을 받았다. 곱고 하얀 모래가 산더미처럼 쌓였다가 일본에 수출까지 했고, 나룻배를 타고 하동장에 다녔다고 회고했다. 이제는 걸어서라도 다닐 수 있는 보도교가 설치되면 영호남 화합까지는 몰라도 강 건너 사는 옛 친구들을 만날 수 있겠다는 소망과 기대를 여러 번 피력하였다.

사평 마을 전임 이장 이충원 씨

오사리 너른 들판에 나가 비닐하우스 농사를 하시는 박중일(66세) 씨를 만났다. 검붉게 그을린 얼굴과 굵은 손마디가 41년 농부의 삶을 가감 없이 보여 주었다. 많이 할 때는 500평 규모의 하우스를 네 동씩 하였는데 이제는 옛 하우스 규모에 어울리는 작은 콤바인이 없어 한 동만 재배한단다. 그동안 오이와 애호박을 심었는데 올해는 애호박만 심었다. 농사를 오래 지었지만 이상 기후는 농사에도 어김없이 영향을 끼쳐 예전만큼 큰 재미를 보지는 못한단다. 하지만 벼농사보다는 수입이 훨씬 낫다. 한창때는 하우스 농가 서너 집이 모여 소를 잡아 잔치를 할 정도로 수입이 좋았다.

그가 농사로 뛰어든 계기는 안타깝게도 여순사건이었다. 그가 태어나기도 전 큰아버지가 여순사건 당시 희생되어 '빨갱이 후손'으로 낙인이 찍혔다. 그러다 보니 출세를 하거나 세상에 대한 기대는 일찌감치 접었다. 그는 2남 5녀 중 장남으로 인근 진상종합고를 마치고 바로 하우스 농사를 시작하여 동생들을 가르쳐 결혼도 시켰다. 최우수 작목반으로 선정되어 광양시 지원도 많이 받았다. 그는 시골 생활에 매우 만족하며 '아카시아 향기에 취하고 한들한들 코스모스에 매료되며 자연과 함께 살았노라.'라는 자신의 비석 비문도 미리 생각해 두었다.

41년 차 하우스 농부 박중일 씨

그는 최근 내린 폭우로 이웃집 상추가 썩지 않을까 무척 염려하였다. 정(情)으로 사는 농부의 마음이 느껴진다. 모래가 많이 섞인 땅이라 배수가 잘 되는 편이지만, 요즘은 워낙 짧은 시간에 큰비가 내려 군데군데 빗물이 고여 있었다. 이곳 하우스 농민들은 대부분 연중 세 번 양상추를 재배한다. 일단 상추 모종을 심고 나면 자동화된 스프링클러로 물만 주면 된다. 수익이 약간 적더라도 좀 더 편하게 농사를 짓는 세태를 반영하고 있는 듯하다.

다른 농사와 마찬가지로 하우스 농사도 작목반이 절대적으로 필요하다. 그래야 중간 도매업자에 대항할 수 있다. 대부분 도매상과 사전 계약을 하여 밭뙈기로 넘기는데 수확량이 늘어나면 도매상이 이익을 얻지만, 거꾸로 수확량이 떨어지면 부족한 만큼 돈을 덜 받는다. 농민 입장에서는 불공정 계약이 아닐 수 없다.

아무리 자동화 기계화가 이루어졌다고 하지만, 여전히 농업은 사람의 손이 많이 필요하다. 현재 우리나라는 해외 이주 근로자 아니면 거의 농사를 짓기 어렵다. 하우스 농사로 연간 수입이 수억에 이른다는 언론 보도가 틀린 것은 아니지만 그 뒷면에는 이주 노동자와 농부의 피와 땀이 서려 있다. 미국과 중국, 이유(EU) 선진국처럼 국가의 식량 안보 차원에서 더블유티오(WTO) 협정에서 허용하는 최대로 농민에게 농업 보조금을 주고 대신 건강한 먹을거리를 요구해야 할 것이다.

섬진강 끝들 마을 체험 휴양소

옛 진월중학교 자리에는 섬진강 끝들 마을 체험 휴양소가 2025년 현재 4년차 운영되고 있다. 정부가 지원하는 '농민 소득 지원 사업'이 시간이 지나면 다수가 흐지부지되면서 폐허가 된 경우가 많다. 하지만 이곳은 코로나의 혹독한 시련기를 거쳐 새롭게 발돋움하고 있다. 큰 세미나실과 원룸형 온돌 숙박 시설로 달빛방, 나루방 두 개가 있다. 초창기에는 식당도 했으나 지금은 카페만 운영한다. 운동장에는 캠핑체험장 12동이 갖추어져 있어 텐트를 칠 수 있다. 자전거도 빌려 탈 수 있으며 양상추를 심어보고 오이를 따보는 원

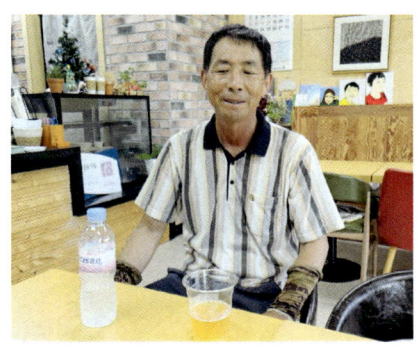

인터뷰하는 김선주 씨

에 체험과 천연 염색과 세라믹 공예, 목공예 등을 체험할 수 있다. 위치나 풍광, 쾌적한 숙박 시설, 다양한 체험 프로그램 등 성공의 조건은 충분한 듯 보인다. 최근 수익이 적잖게 발생하여 마을에서 초기에 투자한 자본금을 돌려주고 수익금도 조금이나마 마을에 나누어 주었다고 한다.

옛 진월중학교가 당초 지역 주민들이 십시일반 성금으로 지어진 만큼, 폐교가 되자 당시 광양시(이성웅 시장)가 교육청으로부터 매입하였다가, 주민의 소득 증진 차원에서 공모사업으로 64억(국비 70%, 시비 30%)을 받아 주민들에게 학교 부지를 다시 돌려준 셈이다. 사평·돈탁·오추·추동·신기·구동 여섯 마을이 중심이 되어 머리를 맞대어 〈끝들 영농조합 법인〉(대표 김선주, 사무장 최선미)을 만들었다. 공사 기간만도 5년이나 걸리는 일을 김선주 씨는 추진위원장을 맡아 시작부터 계속 봉사하였다. 그는 1982년부터 비닐하우스 농사를 지어 지금은 200평 하우스를 17동이나 한다. 지금 때를 놓치지 않고 양상추 모종을 심어야 12월 초부터 수확할 수 있단다. 인터뷰 내내 전화가 울려서 하우스 농사의 보람과 애환을 더 듣고 싶었으나 그러지 못해 아쉬웠다.

끝들 마을 체험 휴양소

끝들 마을 휴양소를 이용하는 관광객 한 분을 만나 소감을 들었다. 그는 네 번째 이곳을 이용하고 있는데, 넓고 조용하며 깨끗하고 사용료도 저렴하여 자주 이용한다고 했다. 이번 추석에는 여기서

온 가족이 시간을 보낼 예정이라는 말도 덧붙였다. 취사장 등 시설도 완벽하여 음식 재료만 준비해 오면 되기에, 가족이나 동창 모임에 적당하단다. 운동장 한쪽에는 텐트가 여러

마을 가까이 섬진강 제방을 따라 만들어진 자전거 길이 환상적이다.

동이 있었다. 바로 옆에 있는 섬진강변을 걷거나 엠티비(MTB) 자전거도 탈 수 있는 데다 애완견도 데리고 올 수 있어서 어린이가 있는 가족 단위 휴양 시설로도 적당하다는 생각이 들었다.

1970~80년대 20대 젊은이들의 '농활'(농촌 봉사활동) 목소리가 넘쳐났을 이곳 섬진강변 들판에 서서 그 시절을 돌아본다. 간간이 농기계와 트럭 엔진 소리가 내 상상을 깨트린다. 흐르는 시간을 탓할 수 없겠지만 우리의 먹을거리를 책임지는 그들에게 그저 감사할 뿐이다.

끝없는 오사들 하우스 벌판, 우측 뒤편이 사평 마을이다.

글·사진 박발진

시정신과 우정, 전설이 깃든 진월

재첩잡이 그리운 오추 마을, 고요한 추동 마을

오추 마을, 남자는 들판에서 여자는 섬진강에서 바쁘다

1914년 행정구역 개편에 따라 진하면(津下面)과 월포면(月浦面)이 합하여 진월면이 탄생했다. 이때 오추리와 사평리의 앞 글자를 하나씩 따와 오사리라 하였다. 오추 마을은 '군사·행정·교육 측면에서 유래가 깊다.'라고 2005년 발행된 『광양시지』에는 기록되어 있다. 오추 마을은 백운산과 지리산, 섬진강과 가까이 있어 자연스럽게 고구려·백제·신라 시대부터 국경 지대와 군사 요충지가 되었다. 이런 배경 때문에 인근에 있는 봉암산

오추 마을 표지석과 마을 유래석

국사봉에서 바라본 오추 마을과 오사리 넓은 들판

성의 존재가 쉽게 이해되었다.

　백운산 자락에서 시작한 물길은 신기·구동을 거쳐 오추 마을 앞으로 흘러 비옥한 들판을 만들었다. 홍수를 대비해 제방을 쌓아 너른 평야를 만들고 마을이 번창하면서 이곳이 자연스럽게 행정과 교육의 중심이 되었을 것이다.
　실제 1920년 설립된 진월중앙초등학교의 기원이 된 양명학당이 이 마을에서 시작하였다. 앞으로 이런 내용을 포함한 안내 표지판을 세워 향토의식을 높이는 교육의 장으로 활용하면 좋겠다. 동네 앞으로 '섬진강 매화로'가 뚫리면서 마을은 길을 따라 길게 발달하고 그 중심에 마을 표지석과 회관이 나란히 서 있다.

'오추골(부자)도 전(前)말'

　오추 마을은 현재 75호에 대부분이 60대 이상인 약 90여 명이 살고 있다. 예전에는 100호 500여 명이 살았다고 이장 경원모 씨(74세)가 전해 주었다. 마을 앞에는 80여 헥타의 넓은 오사들(번덕들)에 비닐하우스가 넘실대지만, 이 마을 주민들은 비닐하우스 농사는 관심이 없고 벼농사에 집중한다. 그 이유는 마을 주민 몇 분이 초창기 하우스 오이 농사에 실패하면서 일종의 트라우마가 생긴 탓이다. 그 대신 주민은 벼농사와 밤, 매실 농사를 짓거나 섬진강에 나가 일을 하였다.

이장 경원모 씨, 우측은 오추정

이장 경 씨는 8남매 중 셋째였는데 고등학교를 마친 형님이 직장을 구해 고향을 떠나는 바람에 갑자기 농부가 되었다. 일손 부족을 메우려고 고등학교(진상농고) 진학을 한 해 늦추었다. 차마 집안 사정을 외면할 수 없었기 때문이다. 그 후 새마을 지도자, 마을 이장을 하면서 전문 농사꾼이 되었다. 운명처럼 시작된 벼농사를 하며 주민과 어울리며 평생토록 이 마을에 살았다. 이장으로서 보람이나 마을의 자랑을 묻자, 망설임 없이 "주민들의 화합"이라 하였다.

그는 친절하게 필자를 자신의 트럭에 태우고 마을 뒤 국사봉(옥곡 국사봉과 다르다.) 중턱까지 태워 주었다. 멀리 하동 화력 발전소의 굴뚝과 백제시대에 축성된 것으로 알려진 봉암산성이 보였다. 그는 마을 앞 들판을 바라보면서 '오추골(부자)도 전(前)말'이라는 재미있는 이야기를 전해 주었다. 그 옛날 3천 석지기 양 씨 부자가 살았는데 어느 날 도사가 찾아와 "이 집에 말(馬)이 정지(부엌) 문턱을 넘으면 망한다."하고 사라졌다. 그 후 마(馬) 씨 성을 가진 첩이 들어와 재산을 몰래 처분하여 한순간에 몰락하였다. 그만큼 오사들이 넓은 들판이라는 의미일 것이다. 실제 조선 말기에는 궁답(宮畓)이 있었고, 이를 관리하는 관원도 상주하였다. 1898년 송금리로 이전하기 전에는 월포면 면사무소가 이곳에 있었다.

또한 한말에서 일제 강점기 때까지 김만수 씨 집에서도 2천 석을, 오추 마을 전체적으로 5천 석의 쌀을 수확하였다. 그런데 해방 후

농지개혁이 되면서 그런 부자들이 사라져 거지들 사이에서 '오추골 (부자)도 전(前)말'이라는 말이 퍼졌다. 농지개혁 후, 그 시절 거지들이 어떻게 끼니를 이어갔는지 알 길은 없지만, 그들의 말속에는 오추 마을의 풍요와 약자에 대한 따뜻한 정이 숨어 있는 듯하다. 산길을 내려오면서 길에 떨어진 알밤을 주머니 가득 주워 담았다. 떨어진 밤을 수확할 사람이 없기도 하지만, 주워도 농가 소득에는 그다지 도움이 되지 않는 현실이 안타깝다.

마을회관에서 요가 중인 할머니들

마을회관에는 10여 명의 할머니들이 시에서 파견된 강사에게 요가를 배우고 있었다. 매주 월·목 오후 시간에 요가와 치매 예방 교육을 번갈아 가며 받는다. 이수덕(86세) 할머니를 포함하여 86세 동갑이 세 명이고 가장 젊으신 분이 72세였다. 이수덕 할머니는 옥곡으로 시집갔다가 집안 사정으로 다시 고향으로 돌아왔는데, 지금 이대로 너무 행복하시단다. 힘들었거나 재미있었던 이야기를 해 달라고 부탁드렸더니, 최근 2번 국도가 생겨 자녀들이 쉽게 집에 올 수 있어 좋단다. 힘들지만 보람 있는 일은 섬진강 재첩을 잡을 때였다고 했다.

옛날 섬진강에 약 5헥타르 규모의 마을 재첩 양식장이 있었다. 재첩 수확철에 물때를 맞추어 하루 서너 시간만 일해도 일당을 받을 수 있었다. 때문에 부녀자를 중심으로 5월에서 10월까지 재첩이나 조개 채취 품을 팔아 쏠쏠한 수입을 올렸다. 지금은 단지 몇 사람만 재첩 일을 하고 있지만, 오추 마을 여자들의 억척스러움은 유명하단다. 그런데 이상하게 제철소가 생긴 후로 바닷물이 짜져서 상류 지역인 하동 쪽으로 재첩이 이사를 가버렸다고 아쉬워하였다.

조용하고 아늑한 추동 마을

오추 마을 앞 지평선처럼 넓은 들판 끝에 작고 조용한 추동 마을이 있다. 두 마을 주민들은 이곳 들판에서 만나 서로 안부도 묻고 정보를 교환한다. '울타리가 튼튼해야 이웃 관계가 좋다.'는 영어 속담이 있지만, 어쩌면 마을간 거리는 서로 그립게 하는 요소인 듯하다.

마을 이름은 가래나무가 많은 가랫골을 뜻하는 추동(楸洞)에서 나중에 가을을 말하는 추동(秋洞)으로 바뀌었을 것으로 추정된다. 어미 닭이 알을 품듯, 낮은 산이 작은 마을을 품고 있다. 남쪽을 제외하고 야트막한 산이 삼면을 에워싸고 있어 조용하고 아늑한 이곳에 총 28가구 50여 명의 주민이 살고 있다. 마을 앞 좁은 포장길이 없다면 그 옛날 마을 모습을 상상해 볼 수 있겠다. 오사 저수지가 가까이 있어 벼농사하는데 특별한 걱정은 없단다. 주민들의 생업은 벼농사와 하우스 농사 등 이웃 마을과 비슷하다.

2년차 이장 이광호 씨(70세)를 만나 마을의 현안에 대해 들었다. 면 소재지에 있다가 필자의 전화를 받고 트럭을 몰고 급히 오셨다. 다소 긴장한 표정이었다. 조용한 마을에 낯선 사람이 나타난 것도 그렇지만 최근 보건진료소 문제로 신경이 곤두서 있었다.

얼마 전에 마을회관 옆에 있던 옛 보건진료소를 철거하였다. 당연히 원래의 자리에 올 것으로 생각했는데, 뜻밖에 다른 마을에서도 유치 운동이 일어나고 있는 걸 알았다. 신구리, 오사리 여섯 개 마을 주민이 이용하는 보건진료소는 가까워서 편리하다는 점 말고도 마을의 소중한 자산이다. 현재 컨테이너 박스에서 업무를 하고 있는데 건축 공사가 시작되는 날까지 이장님의 긴장은 계속될 듯하다. 그는 진상실업고를 마치고 40여 년 경찰로 공직 생활을 하였다. 대부분 광양 관내에서 근무했기 때문에 광양 지킴이로서 자부심이 넘쳐났다.

관리가 잘 된 마을샘

2005년 마을 모습(출처: 광양시지)

보건진료소를 가리키는 이장 이광호 씨

그를 따라 동네를 한 바퀴 돌았다. 걷는 동안 마을의 숙원 사업을 꼭 써달라는 요청을 받았다. 먼저 보건진료소가 원래의 자리에 하루빨리 건립되는 것과 간병인이나 소독차가 자유롭게 통행할 수 있도록 마을 안길 일부 구간을 넓히기를 소망했다. 그리고 사평 마을과 경계 지점에 있는 공동묘지 진입로 정비이다. 여순사건 피해자를 포함한 무연고 묘지 200여기가 방치되어 있어 망자(亡者)에 대한 예우가 너무 소홀하다고 지적했다. '작은 마을이지만 훌륭한 인물이 많이 배출되고 인심 좋고 순박한 사람들이 사는 참 좋은 마을'이라는 그의 말이 허언으로 들리지 않았다. 이장님의 간절함이 힘 있는 행정 기관에 닿아 마을 숙원사업인 진입로가 정비되기를 바란다.

글·사진 박발진

생명의 근원,
물이 샘솟는 이정 마을

 연일 불볕더위가 기승을 부린다. 추석을 며칠 앞두었지만, 가을이라는 말을 꺼내기조차 어색하다. 뜨거운 햇볕이 여전히 이정 마을을 달구고 있다. 문이 잠긴 회관을 지나는데 우물이 눈에 들어온다. 반가운 마음에 한달음에 달려가 두 손 가득 물을 담는다. 맑다. 시원하다. 우물 속에 푸른 하늘이 흐른다.

 우물이 반기는 이정 마을은 면 소재지인 선소 마을과 함께 '선소리'라 부른다. 약 370년 전, 창원 황씨가 입촌하면서 마을이 형성되었다고 한다. 지금의 마을 모습은 예전과 많이 달랐다고 한다. "진월면 마을 대부분이 그렇지만, 우리 이정 마을도 마을 앞까지 바닷물이 들어왔어요. 매립하고 제방이 만들어지면서 지금처럼 넓은 벌판으로 바뀐 거지요." 경모정에서 만난 강승익(72세) 전임 이장이 차근차근 이야기를 들려주신다.

 마을 이름의 유래는 꽤 홍

이정 마을회관

미룹다. 처음 이 마을은 삵 섬, 즉 '이도(狸島)'라 불렸다. 이정 마을과 현재 진월중학교 사이, 고속도로 쪽으로 뻗은 반도(半島) 같은 지역이 예전에는 섬이었단다. 그 섬 모습이 썰가지(살쾡이)와 닮아 '이도'라 불린 것으로 추정한다. 이후 이도(狸島) 주변은 물이 들어오지 않아 육지가 되었고, 사람들은 마을 어디를 파도 좋은 샘물이 솟는다는 점에 착안해, 우물 '정(井)'자를 넣어 '이정(狸井)'이라 이름을 고쳤다.

실제로 만나는 어르신마다 우물 이야기를 꺼냈다. 어디를 파도 물이 풍풍 솟아올라, 집집마다 우물이 있었단다. 갯가 마을에서 샘물의 가치는 그 무엇과도 비교할 수 없다. 이처럼 큰 축복을 모두가 누렸으니, 이정 마을이 특별한 마을임은 분명하다.

"우리 동네는 모범 마을이에요. 새마을운동이 시작될 때 시범 마을이었지요. 도로를 낼 때도 너나 할 것 없이 개인 땅을 내놓아서 지금의 길이 만들어졌고요. 지금도 우리가 서로 의지하며 잘살고 있는 건 그때의 마음 덕분이지요." 역시나 예상대로 자랑부터 시작하신다. 이장님의 목소리는 낮고 다정하다. 마치 천천히 흐르는 물처럼 조용하지만, 그 안에 자긍심이 넘친다. 힘든 세월을 꿋꿋이 살아낸 사람들만의 특징이리라.

제철소 덕분에 도로가 생겨 중마동이나 다른 마을을 오가기 편리해졌단다. "우리들은 농사철에는 농사짓고 시간 나면 제철소 협력업체에 가서 일도 해요. 직업이 두 개나 되니 이것도 좋은 것이지요. 열심히 사니 또 좋고요." 이런 긍정적인 마음 덕분일까. 어머니들만 계시는 경모정에 청일점으로 앉아 있어도 전혀 어색함이 없다.

"오늘처럼 더운 날 우리는 경모정이 있어서 제일 좋제." 동그랗게 둘러앉아 화투 놀이를 하던 어머니 한 분이 툭 던지듯 말씀하시자, 기다렸다는 듯 깔깔 웃음이 터진다. "그래도 옛날이 더 좋제."

이정 마을 어머니들과 강승익 전임 이장

"맞어, 그때가 재밌었어." "참 살기 좋았제." 어머니들끼리 주거니 받거니 하다가, 어느새 한숨이 섞인다. 새벽부터 밤늦게까지 쉴 틈 없이 일하시던 어머니들, 어렴풋이나마 어른들의 삶을 짐작할 수 있기에 조용히 곁으로 다가가 그들의 이야기를 듣는다.

"누구 집에 시집·장가갈 때 있잖어. 회갑 잔치 때도 그랬제. 초상날, 제삿날도 마찬가지였어. 물 긷고, 불 때고, 김치 담그고, 국수 끓이고, 전 부치고, 손님 대접하고……. 이런 걸 다 애기 업고 했당께. 우리 일, 남의 일 그런 것 없었어. 힘들어도 같이 해서 재미가 있었제. 지금은 예식장이나 장례식장으로 가니 마음이 허하제. 열심히 일도 했지만, 사흘 밤낮을 춤추고 놀던 때도 있었어. 지금은 좋은 냉장고, 에어컨이 있어도 그때만큼은 아녀. 아고메, 힘들다. 이젠 사방이 다 아퍼. 놀려고 해도 못 노니 어쩐대. 우리는 모두 절름발이여. 똑바로 일어나지도 못하고, 데굴데굴 몇 바퀴 굴러야 겨우 일어선당께. 하하하." 또 한바탕 웃음이 터진다. 아픔과 슬픔을 웃음으로 승화시키는 진짜 예술가를 보는 것 같다.

폭포처럼 쏟아내는 이야기 중에 공통된 정답 하나가 있다. 가장 행복했던 시절은 자식들 키우던 때라는 것. 조금 전 지나친 우물이 떠오른다. 이른 새벽, 맑은 샘물을 떠 놓고 두 손 모아 소원을 빌던 어머니들의 모습. 그 간절한 마음은 물과 하나 되어 흘러갔을 것이다. 물은 생명과 만날 때마다 평화와 평온을 주고, 사람들의 소원을 이루는 마법을 만들어 냈으리라.

마을 앞 넓은 들판엔 벼 이삭이 누렇게 익어가고, 그 너머로 이정 저수지 둑이 보인다. 마을의 우물이 아이들을 키웠다면, 저수지에서 내려온 물은 벼를 키우고 여물게 했을 것이다. 그렇다면 이정 마을의 우물도 하나의 물줄기에서 시작되었을지 모른다.

저수지 오른편에는 진월중학교가 보인다. 학생 수 감소로 폐교가 결정된 학교다. 2025년에는 초등학교와 통합해 새 학교로 이전한다고 한다. 농촌의 현실을 떠올리니 마음이 쓸쓸해진다.

이런 마음을 달래듯, 감미로운 색소폰 소리가 들려온다. 들판의 작은 농막에서 흘러나오는 소리다. 연주하는 이가 궁금해 다가가 보니, 텃밭에서 김장배추를 가꾸고 있는 백발의 신사 이중식 씨가 인사를 건넨다. 이정 마을이 고향이란다. 올해 정년퇴직을 앞두고, 색소폰을 취미로 연주하려고 들판에 연습실을 만들었다고 한다. 경모정에서 들었던 '닭바구(닭바위)'와 '삐갱이(병아리)바구' 위치도 알려주신다. 고속도로 아래 논 가운데 큰 바위와 작은 바위 두 개가 그것이다.

문득 어르신들이 들려준 살쾡이 섬 이야기가 떠오른다. 이정 마을의 옛 이름이었던 '삵 섬', 즉 살쾡이 섬은 원래 살아 움직였다고 한다. 심지어 날아다니기도 했단다. 그런데 섬 앞에는 닭 모양의 바위가 있었다. 닭과 살쾡이는 상극이니 서로 어울릴 수 없는 사이. 이 이야기는 이웃 신답 마을로도 이어진다. 신답 마을이 닭 형상을 띤

진월중학교와 이정저수지가 보이는 들판

전설 속 닭바구와 삐갱이바구

마을이기 때문이다. 살쾡이와 닭이 마주 보고 있으니, 두 마을 사람들은 결혼은 고사하고 연애도 금지였단다. 지금까지도 그 풍습이 이어지고 있다니 놀랍다. 다행히 동네 밖에서는 사적 감정 없이 만난다고 하니 안심이 되었다.

정말 안타까운 건 일제 강점기 도로공사 때, 살쾡이의 머리 부분을 잘라 버렸다는 이야기다. 잘린 곳에서 붉은 피가 흘렀고, 이후 마을에서는 뛰어난 인물이 나지 않는다는 속설이 생겼단다. 그러면서도 어르신들은 이성웅 전 광양시장이 이 마을 출신임을 자랑스럽게 이야기하셨다. 필자는 마을의 유물이라 할 수 있는 닭바구 앞에서 한참을 머물렀다. 이런 이야기가 아니었다면 무심코 지나쳤을 바위일 것이다. 작은 안내판 하나라도 있다면, 마을의 기억을 이어가는 데 큰 도움이 되지 않을까 싶다.

꽃을 수놓는 이윤정 씨

동네 골목을 걷다 보니 '아네스의 꽃 자수'라는 예쁜 간판이 눈에 띈다. 이윤정 씨가 퇴직 후 자수공방을 열려고 8년 전부터 꾸민 집이라고 한다. 지금은 마당 곳곳에 장미와 야생화를 심어 가꾸는 중이다. 공방 안에는 직접 바느질해 만든 작품들이 놓여 있다. 자기가 키운 꽃을 바느질로 다시 피워내는 모습, 한 땀 한 땀 수놓는 시간은 새로운 소망을 이루는 과정일지도 모른다. 누군가의 향기 나는 꽃들이 하얀 천 위에 송이송이 피어나기를 빌어 본다.

해가 저물어 가는데도 더위는 쉽게 가시지 않는다. 회관 앞에서 이장님을 기다리는데, 주렁주렁 열린 굵은 대추가 눈에 들어온다. '저 안에 태풍 몇 개, 저 안에 천둥 몇 개, 저 안에 벼락 몇 개' 장석주 시인의 시를 읊조리고 있는데, 부르릉 트럭 한 대가 달려와 멈춘다. 껑충한 키의 이기춘(70세) 이장님이다. 건설업을 겸하고 있어 도로공사를 마치고 오신 길이라 한다.

이정 마을 이기춘 이장

"우리 마을은 한때 125세대, 진월에서 두 번째로 큰 동네였지만 지금은 75세대뿐이에요. 65세 이상이 70명이나 돼서 일하기도 어렵지요. 이장 일은 애로사항 들어주고 심부름하는 게 다인 것 같아요." 그것이 가장 중요한 일 같다고 말씀드리자, 이장님은 마을의 어려움을 조목조목 이야기하신다.

가장 큰 문제는 교통이란다. 마을 옆으로 생긴 도로 때문에 교통량이 늘어나 늘 시끄럽고, 농사철이면 도로 건너 논에 갈 수 없을 정도로 큰 트럭 통행이 많다. 특히 몸이 불편한 어머니들이 건너지를 못해 도로변에 서서 한 시간을 기다렸다는 이야기에 마음이 아려온다. 그래서 이정 마을 어르신들의 간절한 소망은 다른 무엇도 아닌 '신호등 하나'였다.

"우리 동네는 참 정 많은 동네입니다. 객지에 살다가 들어와 이장 3년째인데, 정말 촌맛 나는 동네랑게요." 이장님 말씀이 끝나자 필자는 추임새를 넣었다. "그럼요. 친절하고요. 깨끗하고요. 걷기 좋고요. 손 씻을 우물이 둘이나 있고요." 진심이 통했는지, 이장님께서

시 정신과 우정, 전설이 깃든 진월

냉장고를 열어 음료수를 내어 주신다. 회관 앞 대추도 한 줌 쥐여 주는 것도 잊지 않는다. 경모정 옆 우물은 가끔 청소도 하니, 그냥 먹어도 괜찮다는 말씀도 덧붙인다.

이정 마을 우물

터벅터벅 우물을 향해 걷는다. 붉은 노을이 이마에도, 손등에도 내려앉는다. 경모정 옆 우물에는 구름이 노닌다. 노을빛을 조용히 우물에 내려놓는다. 바닥에서 솟는 물이 구름과 노을을 안고 졸졸 흘러간다. 그 물은 마을을 돌고 돌아, 들판 어딘가를 적셔 주겠지. 한 모금 마신 물이 필자의 목을 타고 온몸을 적신다.

물의 가장 큰 특징은 '흐름'이다. 상대의 모양을 바꾸지 않고 조용히 스며드는 것, 자연의 본모습이 그렇다. 자연을 닮은 마을, 이정 마을이 우리 곁에 있다.

글·사진 방승희

거북등에 서서 솔바람 소리를 듣는
돈탁 마을

거북등에 사는 돈탁 마을(2005년, 광양시지)

　섬진강이 흐르는 방향을 중심으로 말하자면 돈탁(敦卓) 마을은 섬진강을 왼쪽에 끼고 위로 금동, 아래로 사평 마을과 접하고 있다. 서북쪽 낮은 산이 거센 바람을 막아주며 마을을 편안하게 감싸안고 있고 그 비탈면에 39세대 81명의 주민이 거주하고 있다. 2007년 당시 43가구 152명의 주민이 채 20년이 안 되어 절반으로 줄었다. 변하지 않은 것은 강변으로 늘어선 우람하고 기품 있는 해송 방풍림과 장승들이다. 마을 앞에 마름모꼴 논이 좀 있지만 모든 주민의 식량을 감당하기에는 작아 보인다. 주민들은 벼농사를 짓거나, 오사뜰 비닐하우스 단지에서 농사를 짓거나, 날품을 판다. 짬짬이 섬진강에 나가 갱조개(재첩)를 잡고 매실과 고사리 등을 재배하여 부수입을 거둔다.

몇 년 전 국도 2호선이 신설되어 승용차로 찾아가기가 훨씬 쉬워졌지만 대중교통으로 접근은 여전히 어렵다. 가까운 하동에서 시집 왔다는 한 노인은 "변한 게 거의 없다."라고 하셨다. 어쩌면 외부로부터 접근하기 어려운 환경이었기에 마을의 원형을 그대로 보존하고 있는지도 모른다.

하지만 돈탁 마을은 광양의 어느 마을보다 대중매체나 SNS에 자주 오르내린다. 그것은 다름 아닌 조개더미(패총)와 방풍림 때문이다. 필자는 광양사 연구가 이은철 선생을 따라 조개더미를 처음 방문하였고, 두 번째는 섬진강 자전거길을 달리다 아름다운 소나무길을 발견하고 마을을 둘러보았다. 그리고 이번 취재 방문을 통해 거북등의 존재를 알게 되었다.

마을 입구 우산각 구인정(좌측)과 표지석(우측)

우리 마을은 마을지(誌)가 있다

　마을 이장 김진섭 씨는 출타 중이었지만 전화로 마을에 대한 개략적인 이야기를 들을 수 있었다. 마을 길을 넓혀 마을 안으로 시내버스가 통행하는 것이 주민들의 바람이라고 하였다. 마을회관은 문이 잠겨 있었다. 아마도 추석 직전이라 동네 할머니들은 집안일에 분주하신 것 같다. 대신 마을의 역사에 정통하신 1941년생 김종규 어르신을 뵐 수 있었다. 그는 진월중앙국민학교를 졸업하고 하동에서 중·고등학교를 마친 다음, 당시에는 아주 드물게 4년제 대학까지 마쳤다. 고령에도 불구하고 목소리가 크고 매우 건강해 보였다. 지금도 대한노인회 광양시지부 지부장을 맡는 등 사회활동도 왕성하게 하고 있다. 젊어서 객지에서 잠시 건축업을 하기도 하였지만, 주로 벼농사를 하면서 1963년부터 무려 16년간 새마을지도자를 하였다. 또한 초대 군의원(나중에 동광양시 시의원)을 역임하는 등 다양한 이력을 갖고 있었다.

2007년 발간한 돈탁 마을지(誌)

　그는 여러 가지 추억과 마을의 자랑거리를 필자에게 들려주었다. 2007년 '전국 마을숲 가꾸기 대회'에서 장려상을 받은 소나무 숲이 마을의 보배인데, 안타깝게 재선충으로 많이 죽어 어린 나무를 다시 심었다. 어릴 적 섬진강 백사장에서 씨름도 하고 밤하늘 별을 헤아리며 놀던 이야기는 끝없이 이어질 듯하다가 눈물이 맺히면서 잠시 멈추었다.

　한참 후에 돈태기 나루에서 배를 타고 하동을 다녀왔던 이야기가 이어졌다. 나룻배의 주인은 '각야춘자'라는 일본인 여자였는데 조선 사람과 결혼하여 이 마을에 살았다. 억척스러운 그녀는 직접 노를 잡았다. 인터뷰를 마무리할 무렵, 그는 『광양 돈탁 마을』이라는 마을지(誌)를 꺼내 놓았다. 마을에 관한 신문기사 스크랩이나 여러 자료가 책갈피처럼 책 속에 꽂혀 있었다. 편집위원으로 참여하였기에 마을지에 애정이 많아 보였다. 처음 보는 필자에게도 자세히 읽어보라며 선뜻 빌려주었다.

　마을지는 2007년 이장 김운규 씨를 중심으로 새마을지도자, 개발위원장 등 마을의 유지 및 출향 인사들이 한마음이 되어 200쪽의 기록을 남겼다. '구슬이 서 말이라도 꿰어야 보배'라는 말은 이럴 때를 두고 쓰는 말일 것이다. 목차에는 마을 연혁, 거북등과 송림(松林)의 전설, 마을 출신 인물, 역대 이장뿐만 아니라 후손들이 알았으면 하는 광양 지방의 민요, 혼상례(婚喪禮) 등이 담겼다. 특히 필자의 눈길을 끄는 것은 1940년대부터 1973년까지의 돈탁 마을 생활상이었다. 즉 품앗이나 두레 등의 공동 노동 조직, 쟁기·가래·괭이·쇠스랑·써래·번지·고무레·곰방메·다래끼·오줌장군·삼태기·소매구시·무자위 등 지금은 보기도 듣기도 힘든 농기구가 사진과 함께 자세히 소개되어 있어 민속학이나 향토사 연구자들에게 귀한 자료가 될 듯하다. 내가 살고 있는 곳의 전통과 역사, 추억을 간직하려고 애쓰는 모습이 존경스럽다. 눈에 보이지 않은 것에 시간과 마음을 쓰는 여유가 우리 시대에 필요한 정신적 비타민이 아닐까 싶다.

마을의 보배, 거북등과 송림

 마을을 한 바퀴 둘러보고 송림을 걸었다. 간간이 차들이 지나가긴 했지만 그들도 이곳 풍경에 끌렸는지 아주 천천히 운행하였다. 우람한 해송(海松) 몇 그루를 끌어안고 조용히 귀를 기울였다. 긴 세월 마을의 기쁨과 애환을 들려주는 듯하다. 큰 나무들 사이 사이로 어린 소나무들이 장승이 보내는 기운을 받아 무럭무럭 자라고 있다.

 조선 중종 23년(1528년) 박세후(朴世煦)가 광양 초대 현감으로 부임하여 각 고을을 순방하던 중 마을 앞 제방에 잘 자란 송림에 반하여 이곳을 '광양 8경'의 하나로 지정하였다. 이 숲은 정확히 언제 조성되었는지 알 수 없지만, 약 450년 전으로 추정된다. 처음에는 150그루가 넘었는데 지금은 75그루만 자리를 지키고 있다. 그 높이는 모두 10m 이상이다.

마을 동편 섬진강가 해송방풍림과 장승

해송길을 쭉 따라 북쪽으로 걸으면 거북등을 만난다. 마을 좌측 북동쪽 산등성은 큰 거북이 섬진강 물을 마시려는 듯 엎드린 형상이라 하여 옛날부터 '영구등이(靈龜)'라 불렸다. 거북은 신령스러운 동물로 우리 역사와 신화에도 자주 등장한다. 거북선을 건조하여 임진왜란을 평정한 이순신 장군은 사람을 만나도 두려워하지 않는 담대한 영물, 거북으로부터 지혜를 얻었을까?

마을에는 거북등과 해송숲의 전설이 있다. 옛날 비 오는 여름, 큰 거북이 섬진강변으로 어슬렁거리며 기어 나왔다. 그 모습이 마치 산이 움직이는 것 같아 한 처녀가 놀라 "산이 움직인다."고 소리치자, 거북은 사라지고 그 자리가 거북 모양으로 우뚝 솟았단다. 이후 마을 이름도 '거북등'이라 하였는데 일제 강점기에 돈탁 마을로 바뀌었다.

또 하나의 전설이 있다. 큰 거북이 강변에 나와 물을 먹고 있었다. 그런데 강 건너 하동 쪽에서 큰 사슴이 거북을 잡아먹으려 하자, 마

마을의 전설 영구등이 혹은 거북등 터널

침 이를 목격한 포수가 사슴을 향해 총을 쏘아 죽였다. 이 일로 포수가 있던 산은 '총선등'이 되었고, 총소리에 놀란 거북은 산으로 변하여 거북 형상의 산이 되었다. 이후 푸른 소나무가 울창하게 자라 거북을 은폐하여 보호하고 있다. 믿거나 말거나이지만, 거북과 사슴, 포수와 산들이 서로 대화를 나눌 수 있다는 생각은 오늘날 우리가 배워야 할 생태론적 사고가 아닐까?

돈탁아, 같이 놀자

돈탁 마을의 가장 대표적인 역사 유적은 무려 4천여 년 전 신석기시대 조개더미, 즉 패총이다. 마을 뒤편 언덕배기를 2011년 목포대 박물관에서 발굴하였다. 물론 그 이전에도 지표조사를 통해 조개류가 수없이 발견되었다. 〈광양지역사연구회 마로희양〉 대표 이은철 씨가 전하는 바에 따르면(2023년 4월 17일, 광양시민신문 12쪽) 목포대는 심층 조사를 통해 여러 토기 조각과 갈돌 외에 특히 주목되는

패총 발굴지를 가리키는 마을의 역사 김종규 씨

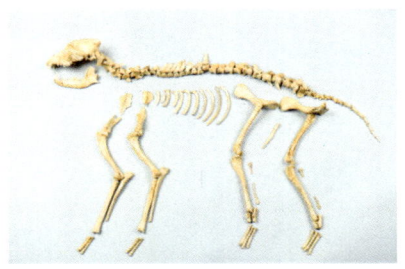

신석기 시대 패총에서 발굴된 개 '돈탁이' 유골
(출처: 광양시민신문)

성견의 뼈를 발굴했다. 어린이의 뼈와 함께 키가 50cm쯤 되는 개의 유골이 거의 완벽하게 발굴되었는데 박물관에서 마을 이름을 따라 '돈탁이'라 이름을 붙였다. 어린이와 개의 관계에 대해 상상만 해도 흥미롭다. 수천 년의 세월을 견디어 온 돈탁이의 생존 모습이 머릿속에 그려진다. 나이 어린 주인이 돈탁이와 거북등에 함께 올라 섬진강 건너 하동장에 놀러 가는 꿈을 꾸었을까?

2021년 12월 창원대와 목포대는 '영호남 학술교류 특별전시회-패총에 묻힌 개, 사람 곁으로 오다' 전을 가졌다. 그런데 돈탁이가 호남의 신석시 유적 대표로 활동하고 있지만, 정작 돈탁이가 발굴된 장소에는 작은 안내판도 없이 콩만 무성하게 자라고 있다. 마을버스가 다닐 수 있도록 길을 넓히는 일도 중요하지만, 광양의 역사 유적이 잘 보존되었으면 좋겠다. 이를 위해 돈탁 마을 전체를 역사문화 마을이나 역사 교육장으로 지정하고, 작은 마을박물관을 세워 지역의 역사를 지켜나갔으면 좋겠다.

돈탁 마을지에는 광양의 민속요나 노동요, 절기 노래 등이 여러 편 실려 있다. 다음은 옛 할머니들이 들개(입술을 이용해 모시를 째거나 침을 묻혀 실을 이어 붙이는 일)하면서 부르는 구전 노래를 소개한다. 노래 가사에 삶의 지혜가 담겨 매우 흥미로웠다.

십 리 절반 오리나무

십 리 절반 오리나무 / 한치하도 백자나무 / 소년 시절 영감나무 / 사시사철 사철나무 / 대낮에도 밤나무 / 목에 걸려 까시나무 / 칼에 베어 피나무 / 죽어도 살구나무 / 덜덜 떠는 덮개나무 / 오자마자 가래나무 / 하느님께 비자나무 / 방귀 뀌어 뽕나무 / 그렇다고 치자나무 / 자자 오자 감나무 /

오자 오자 온(옻)나무 / 거짓없는 참나무

삶이 지치고 힘들 때 잠시 시간을 내어 돈탁 마을을 찾아보시라. 그리고 해송 숲길에 멈추어 늙은 소나무 한 그루를 끌어안고 귀 기울여 보자. 할머니의 들개 노래 소리가 퍼지고, 심심한 아이와 돈탁이의 다정한 목소리를 들을 수 있다. 그도 아니면 섬진강 자전거길을 무심히 걷다 보면 섬진강 물 따라 시나브로 내 몸과 마음에 흐르는 에너지가 가득하게 될 것이다.

글·사진 박발진

수문과 따신 장터가 있던, 진월초·중 통합학교가 들어서는 방죽 마을

 겨울 한복판에 방죽 마을을 찾았다. 예전에 순천에서 진월면에 가려면 시간이 꽤 걸렸는데, 2019년에 국도 대체 우회도로인 자동차전용도로가 생기면서 순천에서 광양을 거쳐 하동까지 가는데 이전보다 40분 이상 단축(64분 → 24분)되었다. 터널 네 개가 뚫리고 4차선 도로가 개통되면서 한층 가까워졌다.

 방죽 마을은 중군 터널이 생기면서 중마동과의 접근성이 좋아졌다. 성황동과 옥곡면을 연결하는 편도 2차로의 쌍굴 터널인 중군 터널은 그 길이가 3,490m나 되어 광양시의 네 개 터널 중 가장 길다. 터널을 지나고 자동차전용도로가 시작되기 전 오른쪽은 망덕, 왼쪽은 진상으로 가는 사거리에서 좌회전하면 첫 번째로 만나는 마을이 바로 방죽 마을이다.

 마을 유래에 얽힌 이야기가 재미있다. 방죽은 원래 토박이말로 '방죽머리'라고 했

방죽 마을 표지석과 안길, 오른쪽 울타리 너머가 진월초중학교가 들어설 자리.

다. 방죽을 쌓은 머리 부분에 해당하는 지역이라는 의미로 1789년 제작된 국가주요문헌인 〈호구총수〉에는 '언두촌(堰頭村)'이라고 기록되어 있다. 즉 '방죽머리'라는 뜻 그대로를 한문으로 옮긴 것이다.

현재 마을회관이 있는 자리가 옛 방죽머리 자리에 해당되는데 이곳에 두 개의 커다란 수문이 있어서 조수에 따른 강물의 양과 홍수를 조절했다. 그리고 이 수문을 기점으로 'ㄷ'자 형의 12개 방천(모른 방천, 배드리 방천, 새립 방천, 중산 방천, 구룡 방천, 장재 방천, 망덕 방천, 향동 방천, 용소 방천, 뒷 방천, 내망 방천)이 이정, 내망 마을까지 이어져 있었다. 그 모든 방천의 중요 수문을 조절하던 곳이 바로 이곳, 방죽 머리 방천이다(광양시지 4권 마을편 참고).

1700년대 진월면이 진하면이었을 시절에는 방죽 마을에 면 소재지가 있었던 것으로 보아 꽤 큰 마을이었을 것도 같은데 2024년 1월 1일 현재는 31세대, 65명이 살고 있어서 진월 내에서는 중 규모의 마을에 속한다. 놀라운 건 옛날에는 이곳에 장이 섰다. 이름도 정겨운 '따신 장터'이다. 수문(방죽머리) 근처에서 장이 열렸는데 약 80년 전만 해도 남해 등지에서 배로 고구마 등을 가져와 다른 곡식과 바꾸어 갔단다.

장날이면 사람들로 붐볐을 방죽 마을의 옛 모습을 지금은 찾을 길 없다. 하루가 다르게 변화하고, 어제의 지식이 오늘은 낡은 것으로 바뀌는 인공지능 시대에 100년 전 이야기는 까마득하기만

방죽 마을회관과 당산나무

하다. 가을걷이가 끝난 빈 들녘에는 바람만이 놀고 있었고, 네 명의 어르신이 자리를 지키고 있는 마을회관에는 적막만이 감돌았다.

농촌 마을은 아직은 마을회관을 중심으로 한 공동체 문화가 살아 있는 곳이 많다. 오전에는 텃밭을 가꾸거나 집안일을 하다가 점심 무렵에 회관에 모여서 함께 식사하고 세상 돌아가는 이야기도 하면서 놀다가 저녁 식사 시간에 맞춰서 집으로 가는 식이다.

방죽 마을회관에서 만난 어르신들

그런데 방죽 마을은 마을회관에서 밥을 안 해 먹은 지가 5년이 넘었다. 모이는 이도 몇 되지 않는다. 필자가 방문한 날은 다섯 명이 계셨는데 이장님 사모님이 집에 손님이 오시는 바람에 가버려서 결국 네 명의 어르신과 이야기를 나눴다.

낯선 이에게 마음을 터놓고 자신의 이야기를 한다는 게 쉽지 않을 터인데, 어디나 말 잘하는 분은 있기 마련이었다. 그중 김점숙(89세) 어르신 이야기는 자꾸 듣고 싶게 재미가 있었다. 광양 사투리가 정겨워서 되도록 어르신의 말을 그대로 옮긴다.

- 이 동네에 학교가 들어선다는데 알고 계신가요?

"여기가 원래 진월국민핵교여. 그때 우리 학교 댕길 때는 한 학년에 7반까지 있었어. 전교생이 800명이나 됐고."

- 아, 이 학교 졸업생이셨군요.

"나가 이 학교 22회여. 근디 지금은 폐교된 지가 오래됐네. 그래 갖고 진월 소재지 거그로 사램이 없응께 국민핵교가 내려갔어. 시골에 사램이, 젊은 사람이 사는가? 전부 도시로 나가 분께. 우리 동네만 해도 사람이 없어. 세 살짜리 애기 한나 있어. 그런 세상에 우리가 살고 있어."

- 이 동네서 자랄 때 재미있었던 이야기 좀 해 주세요.

"나 클 적에 재밌었지. 친구들허고 놀로 댕기기도 재밌고, 저녁에 넘의(남의) 집에서 뭐 해 묵는 것도 재밌고, 뜨개 뜨는 것도 같이 뜬께 재밌고. 클 때는 다 재밌지. 그때는 거다(걷어) 갖고 뭘 해 묵거든. 없으면 넘의 밭에서 호박이라도 한 댕이 따다가 죽이라도 써 묵었지. 그때는 동네에 애기들이 하도 많응께 클 때는 그리 재밌게 컸어."

- 그럼 제일 어려울 때는 언제였을까요?

"졸업하고 나서 낮에는 삼을 삼지, 밭 맸지. 길쌈했지, 농사지었지. 우리들도 고생 많이 했어."

- 베 짠 이야기 좀 자세히 해 주세요.

"우리는 밭이 없응께 넘(남)의 집 모시를 주(주위) 갖고 와서 잿물에 담가서 홍두깨에다 베를 감아 갖고 따듬았어. 베틀도 없어서 넘의 집에서 빌렸어. 베를 짜 갖고 넘 허는 대로 주물러서 혹허게(하얗게) 맨들어 놨어. 근디 우리 시어마이가 다 갖고 가서 영감 옷 해 주고, 시누도 해 주고 다 갈라 줬어. 나는 등지개(민소매 윗옷) 한 개도 안 해 주드랑께"

- 고생해서 베를 짰는데 아무 것도 안 해 줘서 속상하셨겠어요.

"그때는 시집올 때 몇 년 입을 만치는 해 갖고 와. 나는 시집올 때 해 와서 필요는 없었어. 그래도 나가 그리 고생해서 짰응께 째깐한 등지개라도 한 개 해줬으면 덜 서운할 건디 말도 없이 딱 갈라서 해 부링께 서운했지."

- 몇 년이나 그 일을 하셨나요?

"시집 온 지 4년 만에 딱 한 틀 짜보고는 말아 부렀어. 동네 사람들도 안 헌께. 넘들 안 헌디 밭도 없는 나 혼차 못 허겄드라고. 처녀 때는 너도 짜고, 나도 짜고 놉 얻어서도 짜 봤거든. 긍께 나도 해 봤제."

- 지금은 베도 안 짜고 편한가요?

"지금은 망구에(더할 나위 없이) 편치. 그 많은 농사 암 껏도 없어. 밭 한쪼가리도 없어. 다 자슥들이 없애 뿌렸어. 올해꺼장 김장도 해서 자슥들한테 보냈어. 내년에는 못 헐지라도."

- 논밭이 많았나 봅니다.

"우리 영감 세 살 묵어서 우리 시아부지가 광양 탄광에서 세상 베릿어. 그걸 보상 받아서 논 닷마지기를 샀는갑대. 우리 제금난께(분가하니) 암 것도 안 주고 그거 하나 주대. 영갬허고 나허고 죽으라고 일해서 해마다 논도 사고, 밭도 사고 그랬지. 논이 열 마지기가 넘었제. 밭도 이쪽저쪽 많았어. 저기 3천 평이 넘었응께."

- 오메, 그럼 부자셨군요. 그런데 왜 자식들이 없애요?

"자식들이 다 팔아묵었어. 자기들 사업헌다고 빚내고 못 갚응께 폴고, 직장 다닌다고 폴고, 그래 갖고 다 폴아 부렀어. 우리 영감이 뱅이 나서 죽었어. 죽고살고 일만 헌 사람인디……."

고생해서 마련한 논밭은 자식 탓에 잃었지만 그래도 지금이 좋단다. 운 좋게 자신 이름으로 된 470평 논이 하나 있어 추수가 끝나면 자식들과 나눠 먹는단다. 아직은 자신이 농사지을 수 있어서 그 정도는 해 줄 수 있다며 환하게 웃는 어르신. 아낌없이 나눠 주고도 원망이 남지 않는 것이 바로 부모 마음이리라. 회관에 모인 다섯 분 중 둘만 부부가 함께 살고 셋은 독거노인이다. 지금은 편하냐고 여쭈었다니 반색하며 말한다.

여름 한낮, 방죽 마을 앞 들녘

"이리 존 세상이 어디 있을 것가. 그렇게 시달리고 살다가 인자는 혼자서 영감이 있냐, 자슥들이 있냐. 뜨끈뜨근한 방에서 날마다 농께 편해."

방죽 마을회관은 다른 마을에 비해 좁은 데다 부엌이 있는 공간은 쓰지 않다 보니 어르신들이 하루를 보내기에는 불편해 보였다. 벽에 걸린 액자도, 작은 텔레비전도 낡고 색이 바랬다. 그래도 거기에는 오래전부터 방죽머리를 지켜 온 어르신이 있었다.

마을 입구 표지석이 있는 버스정류장 뒤에는 길다랗게 벽을 세워 진월초·중 미래형 통합 운영학교 이설 공사장이라는 안내문이 붙어 있다. 2025년 1월 처음 방문했을 때는 철문을 달아 놓아 사진조

차 찍을 수 없었는데 8월에 다시 방문했을 때는 무지무지 더운 날인데도 공사가 한창이었다. 외부 뼈대는 거의 다 올라가 있어서 조감도와 비교하여 살펴보았다. 울타리 공사하는 외국인 근로자의 땀방울이 안전모 아래로 흘러내렸다. 잠시도 서 있기 힘들 정도로 햇살이 따가웠다. 타국 공사 현장에서 구슬땀을 흘리는 외국인에게 시원한 얼음물이라도 건네고 싶은 여름 한낮이었다.

여기는 원래 폐교된 진월초등학교 마룡분교장이 있던 자리이다. 10여 년 전부터 광양시가 섬진강 관광 벨트 사업을 추진하면서 광양시에서는 진월초등학교를 다른 곳으로 옮겨가기를 요구했다. 면사무소가 있는 중심 상권 한복판에 학교가 있어서 진월면 발전에 걸림돌이 된다는 지역 여론 때문이었다.

2020년부터 진월초, 진월중 학부모와 교육공동체를 대상으로 여러 차례의 설명회 결과 광양시 소유인 마룡분교장이 최종 대상지로 선정되었다. 광양시가 토지를 기부하고, 전라남도교육청이 시설비를 부담하기로 하여 공사가 시작되었다.

우리에게는 낯선 초·중 통학학교는 중소 규모의 급이 다른 학교(초등과 중등)를 대상으로 교육과정과 시설, 인력 등의 교육자원을 연계하고 통합하여 운영함으로써 학교와 지역사회의 지속가능한 성장과 발전을 도모하는 전남형 미래학교를 말한다.

완도 청산초·중학교, 영암 장천초·중학교, 구례 원촌초·중학교 장흥 유치초·중학교를 비롯하여 전남의 작은 학교를 중심으로 몇 학교가 운영 중이다. 현대화된 시설에서 초등과 중등 교원이 한 학교에 근무함으로써 학교행사나 교육과정에서 시너지 효과를 낼 수 있다. 학생 수가 많은 중마동 소재 다인수 학교에서 학생 유입이 증가할 것이라는 기대감도 갖게 한다.

2025년 8월 말, 진월초·중학교 이설 공사가 한창인 현장

　진월초·중 통합학교는 10학급(유치원 1, 초등학교 6, 중학교 3학급) 규모로 시설비 130억을 들여 완공하는 대규모 사업으로 2026년 3월 1일에 개교할 예정이다. 지상 3층 높이로, 삼강종합건설(주)이 시공하고 있다.

(전) 진월초 학부모회장 이행자 님

　방죽 마을 토박이인 남편과 결혼하면서부터 이 마을에 사는 이행자(51세) 님은 진월초등학교 학부모회장을 2년간 하면서 통합학교가 논의될 때 주도적으로 활동했다. 그녀는 1남 2녀의 엄마

로, 광양 관내 여러 군데를 돌면서 요리 체험 강사로 활동하는 요리사이기도 하다.

그녀에게 통합학교가 생겨서 좋은 점은 무엇인지 물었다. "우리 마을은 예전에는 달집도 태우는 등 마을 행사가 있어 활기가 넘쳤어요. 그런데 지금은 어른들 연세가 많아지면서 침체되어 있어요. 뭘 하려는 의지도 부족하고요. 학교가 생기면 마을에 활기가 좀 생기지 않을까요? 일단 치안이나 거리 조경 면에서 좋아질 것 같아요. 지금 망덕까지 이어지는 자전거길이 만들어지고 있어요. 또 큰 차가 마을 앞에서 과속하는 일이 많았는데, 학교 앞에 과속 카메라가 생기면 교통사고의 위험이 줄어들지 않을까요?"

그럼, 통합학교에 기대하는 점은 무엇일까. "진월초등학교가 혁신학교라서 혜택을 많이 받는 것처럼 보이지만 작은 학교의 한계를 벗어나지 못한다는 생각이 들 때가 있어요. 상담교사나 영어 원어민 교사도 없고요. 그런 점에서 혜택이 늘어날 것이라고 기대합니다. 진월초등학교가 특색교육으로 추진하던 섬진강 자전거길 체험학습은 통합 이후에도 이어졌으면 좋겠어요."

현재 방죽 마을의 학생은 그녀의 아들이 유일하다. 중학교 1학년인 막내 한 명이라도 통합학교의 혜택을 받으니 그나마 다행이란다. 점심시간을 알리는 벨소리가 울리면 왁자지껄 떠들며 급식실로 향하는 아이들 웃음소리가 가득 차겠지. 그 소리는 방죽 마을을 밝히는 희망의 소리, 그려 보는 것만으로도 필자의 마음까지 환해진다.

따뜻한 사람들이 오순도순 사는 마동 마을

가을비가 부슬부슬 내리는 10월 개천절에 마동 마을을 찾았다. 이 마을 출신인 안영춘 선생님(79세)과 마을 경로당에서 만나기로 약속하고 나선 길이었다.

안영춘 선생님은 광양향교 제58대 전교이다. 필자와 교단에서 만나지는 않았지만 그가 진월중학교 후원회장을 하면서 학교를 살리려고 애쓸 때, 인터뷰한 적이 있어서 알게 되었다. 본인도 연금으로 생활하면서도 매년 천만 원이라는 거금을 진월중 야구부 육성 후원금으로 몇 년씩 기탁하는 걸 보면서 고향 사랑이 남다른 분이라고 짐작했다.

마동 마을회관

2019년, 선생님이 진월면 주민자치위원장일 때『오 아름다워라! 내 고향 진월』을 안영 선생님과 함께 펴내기도 했다. 교단에 계실 때는 순천에서 살았지만 퇴직 후 진월의 이런저런 단체에서 활동하면서 젊은이가 돌아오고, 어르신이 행복한 고향을 만드는 데 힘을 보태며 고향 집을 지키고 있다.

안 선생님을 만나기로 했다는 말에 경로당에 모인 어르신들도 필자에게 친절하게 대해 주셨다. 길잡이 없이 마을회관에 무작정 들어가서 찾아온 용건을 말하면 본체만체하거나 경계하는 분도 많았기에 그 호의가 고마웠다. 오늘 인터뷰가 술술 풀릴 것 같은 예감이 들었다. 호두과자를 나눠 먹으며 어르신들과 이야기를 나누고 있으니 정장 차림의 안영춘 선생님이 들어오셨다.

먼저 마을회관에 몇 명이나 모이는지 물었다. "하나, 둘 셋…" 손가락을 접어 세어 보더니 많이 모이면 열다섯 명이란다. 필자가 방문한 날은 여섯 명의 어르신이 자리를 지키고 있었다. 휴일이라 자녀들이 방문하여 오지 못한 분도 있단다. "아침에 일해 놓고 열두 시나 돼서 모여서 밥을 묵어. 5일은 점심을 주고, 5일은 저녁을 줘." 밥해 주는 사람이 둘이나 따로 있단다. 반찬이 어떠냐고 물었더니 "그냥 묵을 만하게 해 줘. 집이서 라면도 갖고 와서 묵기도 하고, 어쩌다가는 재료를 사기도 해."라고 하셨다.

인터뷰하는 내내 옆에서 작은 소리로 쉬지 않고 중얼거리는 분이 계셨다. 성함을 여쭈었더니 옆에서 대신 대답해 주신다. 나중에야 본인 이름을 묻는 소리라는 걸 알고는 "암 것도 못하는디 뭘

마동 마을 표지석 앞에 선 안영춘 선생님

물어?"라고 하신다. 퉁명스럽게 대답하는 게 민망했던지 옆에 앉은 어르신이 "그래도 정정하고 치매도 아니여. 속에서 기관지가 나쁘니까 내는 소리랑께." 덧붙인다. 부족한 부분은 채워 주고 감싸 주는 어르신의 마음이 엿보여 평소 이 마을 분위기가 어떠한지 짐작이 갔다.

마동 마을회관에 모인 어르신들

돌아가면서 자기소개를 하는데 빠글빠글 퍼머를 한 어르신이 "나는 이름은 김경례, 나이는 구십 너이(넷)여."하신다. "어르신, 열 살 적게 말해도 믿겠어요. 얼굴이 각시네요." 필자가 너스레를 떨자 "아이고 안 젊어, 안 젊어. 서지도 못 해. 안 죽고 이러고 있어서 어쩌까 몰라. 이리 사는 건 사는 것도 아니여."라고 손사래를 친다.

그런데도 오랜만에 보는 외부인이 반가웠는지 묻지도 않은 말을 덧붙인다. "어지께 머리하러 가서 원장헌티 시어메 죽었는가 물었더니 설 시면 102살이래. 요양원에 있다네. 다들 이리 오래 살아서 어쩌까 몰러."라고 하신다. 정정하니까 어르신도 백 살까지는 너끈히

살겠다고 하니 "아이고 이건 사는 것도 아니어. 저런 거(유아차에 벽돌을 얹은 수레) 미는 것 갖고 댕김서 회관도 보돕시(거우) 나와. 서도 못하는디. 나이 백 살 묵도록 살믄 어쩌꼬. 걱정이여."

한탄이 무색하게 주름도 적고 얼굴도 고왔다. 옆에서 이야기 듣던 안영춘 선생님이, 막내아들이 필자처럼 광주교대를 나와서 광주에서 교감으로 재직 중이라고 귀띔하셨다.

이 동네에서 제일 오래 사신 분이 누구냐고 물었더니 김경례 어르신이라는 대답이 돌아왔다. 어르신은 태인도에서 열아홉에 시집왔다. "영감이 농사 지 갖고 아들 둘은 4년제 대학을 보냈어. 큰 것 둘은 시험을 쳤는데 안돼 놓께, 고등핵교배끼 안 나왔어. 그래도 지 또래에 국민핵교 나온 사람도 있다고 주그들은 많이 나왔다고 나 원망 안 해. 주그가 시험처 갖고 떨어졌응께."

말투에 자부심이 묻어나지만 서지를 못하고 앉아서만 있는 게 원망스러운지 "나가 아(아이)를 많이 낳아서 이리 못 쓰게 되어 부렀어. 멈마(머스마) 너(넷)이고 딸 하나 키웠는데 머이마(머스마) 둘이 다 키워서 죽어 부렀어. 애기 많이 나서 나가 이리 못씨게 돼 부렀당께."하신다.

그럼 어르신들은 어떻게 생계를 유지하고 자녀 교육을 시켰을까. 젊었을 적에는 벼농사와 김 채취, 그리고 바다에 나가서 조개를 줍거나 밤을 수확했다. 광양제철소가 들어서면서 바다에 기대어 사는 건 물 건너갔고, 밤도 사양산업이 되고 보니 요즘은 봄이면 매실을 수확하거나 취나물로 소득을 올리는 집이 몇 있다.

바다와는 상당히 떨어진 이 마을이 어떻게 김을 했는지 궁금했다. "온 동네 사람이 다 김을 했어. 여기서 망덕까지 십 리라는 디 다 걸어댕깄어. 배 타고 바다에 나가서 김을 뜯어서 이고 지고 왔지." 김 했으니 부자로 살았겠다는 필자의 말에 "해태조합이 있어서 김을 해 갖고 다 바쳤어. 그리 해도 배가 고파. 시방 세상겉이 배가 부르고 그러지 않애." 대답하는 어르신 목소리가 힘차다.

그때가 좋은지 지금이 좋은지 물었더니 "그때는 못 살고 배고픈 시절이지. 지금이 훨씬 좋지." 하신다. 안영춘 선생님이 "사회복지제도가 잘 되어서 노령수당이 나오니 큰돈은 못 써도 지금이 더 좋죠. 사사로운 병원비나 생활비는 걱정 없이 쓰니까. 또 의료보험제도가 있어서 무료로 건강검진도 해 주고."라고 거들었다.

"가길이나 대리는 2~3억씩 버는 사람도 있는데 여기는 없어요. 자식들이 들어오고 싶어 해도 해묵고 살 것이 없어. 이제는 교통이 좋아져서 통근하기도 쉬워 다른 마을에는 들어오는 사람도 있다는데 우리 마을에는 안 들어오네요. 저 옆에 돼지 축사가 있어서 그런지 들어온 사람도 나가 버려." 누구보다 고향을 사랑하는 안 선생님의 걱정 섞인 말씀이다.

들어올 때부터 나던 냄새의 발원지가 돼지 축사였나 보다. 축사는 차동 마을에 있는데 피해는 여기서 보는지 필자도 숨 쉬기가 고약했다. 오늘처럼 비가 오는 날에는 냄새가 밑으로 깔려서 더 심하게 난단다. 물이 좋고, 공기가 좋은 데다 중마동과도 가까워서 전원주택이 지어질 만도 한데, 냄새가 독해서 들어온 사람도 나가 버리고, 하천에는 물고기 한 마리가 살지 않는다고 안타까워하셨다. 낮은 산이 병풍처럼 뒤를 받치고, 앞에는 너른 뜰이 있어서 아름다운 마을에 그런 어려움이 있다는 걸 이번에 알게 되었다.

마동 마을 어르신을 만나고 나오는 길, 취나물 꽃이 환했다. 노랗게 물을 들인 듯 익어가는 황금 들녘도 아름다웠다. 다만 글로는 전할 수 없는 고약한 냄새가 필자를 졸졸 따라왔다. 관청에 민원도 넣어 보았지만 개인의 재산권 침해인 데다 높은 보상비로 관청에서도 쉽지 않단다.

가장 먼저 무뎌지는 게 후각이라고 했던가. 잠시 들른 외부인이 보기에는 참으로 안타까운 현실이었다. 정다운 어르신들이 오래오래 건강하기를 빌면서 마을을 나섰다.

글·사진 양선례

누렇게 벼가 익어가는 마동 마을 들녘

용의 전설을 현실로 만든 곳, 용소(龍沼) 마을

용은 상상의 동물 가운데 하나다. 인류 문명의 4대 발상지에서도 신령스러운 존재로 여겨졌다. 각 민족은 시대와 사회 환경에 따라 용이 지닌 능력을 신앙의 대상으로 삼아왔다. 이 과정에서 수많은 신화·설화·전설이 탄생했다.

용소 문화 마을 표지석

용은 상서로운 존재로 평상시에는 물속에 잠기어 있다가 때로는 하늘로 승천한다. '용이 하늘로 오른다'는 말은 상승세를 타고 있거나 강한 위력을 발휘하는 상태를 비유할 때 쓰인다. 이 흥미로운 전설이 전해 내려오는 곳이 광양시 진월면 마룡리(馬龍里) 용소 마을이다.

마을에는 뒷산 산고랑과 마을 새뚝고랑에서 내려오는 물이 만나는 지점이 있었다. 마을 소나무 군락 왼쪽 바로 앞, 그 지점에 큰 늪(沼)이 형성되었는데, 전해지는 말에 따르면 이 늪에서 용이 살다가 하늘로 승천했다고 한다. 그래서 이곳을 '용이 살았던 늪'이라는 뜻으로 용소(龍沼)라 불렀고, 마을 이름 또한 그렇게 정해졌다고 한다.

농소촌이 문화 마을로

용소 마을의 옛 이름은 농소(農所)였다. 이름에서 알 수 있듯, 전형적인 시골 농촌 마을이었다. 옛 마을 모습을 보면 U자형으로 가운데 논이 있고, 이를 중심으로 집이 둘러져 있었다. 그러던 1999년, 문화 마을 사업지구로 지정되면서 마을은 큰 변화를 겪었다. 마을 중앙에 있는 논을 포함해 총 6만 3,673㎡에 이르는 땅에 신규 주택 단지가 조성되며 분양이 시작된 것이다. 지금은 그 논이 있던 자리에 새롭게 입주한 주민들의 주택이 자리하고 있다.

토박이 어르신들은 새로 입주한 젊은 세대들을 따뜻하게 맞이하고 품어 주었다. 마을 입구 오른쪽에는 노경회 노인복지센터와 진월 119지역대가 자리하고 있고 어린이놀이터와 공원, 주차장까지 갖춰져 있다. 325년 전 처음 입촌하여 마을을 형성했다고 전해지는 밀양 박씨(密陽朴氏) 재실(제각)은 박씨 문중과 용소 마을의 전통적 삶과 문화적 정체성을 대표하고 있다.

문화마을의 주춧돌

김상덕(84세) 어르신

마을을 가장 잘 안다는 김상덕(84세) 어르신에게 문화마을이 어떻게 생겼는지 여쭈었다. "예전 마을 가운데는 수렁논이라 푹푹 빠졌어요. 논에서 일하는 게 얼마나 고통스러웠는지 주민들이 문화마을을 만드는 데 전부 찬성했고, 복토를 시작해 토지를 다져 20여 가구가 들어왔지요. 다행히 순한 분들이 오셔서 서로 상부상조하며 잘살고 있어요. 우리도 텃세 없는 마을 만들려고 애 많이 썼고요." 그는 화합과 단합이 되면 뭐든 할 수 있는 것 아니냐며 활짝 웃었다.

"우리는 농업으로 생계를 이어왔지만 지금 사람들은 농사도 짓고, 공장에도 다니고, 사시사철 쉬는 사람 없이 바쁘게 살아요. 굶고 사는 사람도 없고, 걱정할 것도 없고, 5남매 다 잘 키웠으니 더 바랄 게 없지요." 큰일을 해낸 사람만이 보일 수 있는 여유와 평온함이었다. 마침, 자녀와 손주들이 대문을 열고 들어왔다. "가까이 살아서 매일 찾아와요." 함박웃음을 지으며 "지금껏 살면서 병원 한 번 안 가고도 살아있으니 참 감사해요."라고 덧붙였다.

다만 개인적인 소망이 있다면 '갓집'으로 불리는 고택이 방치되지 않고 리모델링되어 의미 있게 쓰이길, 그리고 용소 터에 작은 흔적이라도 남겨 마을의 이름이 계속 기억되길 바란다고 하셨다. "사람들이 가끔 나에게 귀먹었다고 해요. 그런데 나는 해로운 말 안 들으려고 귀먹은 척하는 겁니다." 문화 마을에 사는 어르신의 깊은 지혜였다.

새 이웃, 꽃처럼 피다

강은영(54세) 부녀회장

강은영(54세) 부녀회장은 전화 한 통에 한달음에 달려왔다. 이마엔 땀이 송송 맺혔다. 4년째 시골살이에 적응 중이라며 환히 웃는다. 용소 마을과의 인연은 20여 년 전, 남편의 권유로 집터를 보러 오면서 시작되었다. 그때는 중마동에 살고 있었고, 분양 순위에 들지 못했지만 모든 일이 순조롭게 풀리며 마침내 마을에 정착하게 되었다. 지금은 부녀회장을 맡아 늘 분주하다.
"우리 동네는 마룡 교차로를 이용하면 중마동이나 광양으로 쉽게 오갈 수 있어요. 유치원생부터 고등학생까지도 통학이 편하고, 직장인들도 출퇴근하는 데 불편한 게 없어요. 남편은 출근길 풍광이 좋다며 회사까지 자전거로 다니고 있어요." 무엇보다 이웃과 소통하며 나누는 삶이 가장 좋다는 그녀. "조금만 특별한 꽃모종이 생기면 서로 나눠요. 그래서 집집마다 꽃밭이 가득하죠." 온 마을이

꽃동네가 된 이유, 서로 다른 듯 닮은 정원의 비밀은 이웃 간의 '꽃 나눔'이었다. "남편과 딸이 저한테 그래요. 요즘 들어 더 활기차 보인다고요. 보기 좋대요." 그녀의 웃음 속에서 행복이 묻어났다.

임명덕(83세) 어르신

그녀의 이웃 임명덕(83세) 어르신은 봉강에서 스물두 살에 시집와서 60년 넘게 살았다. "오늘은 작은아들이 온당께. 자식들 김치 담가 줄라고 요롷게 많이 심었당께." 배추밭에서 손주 돌보듯 배추를 어루만지며 옛일을 떠올린다. "젊었을 때는 애기 낳고 일하고, 먹고 사느라 겁나게 고생했제. 나중 영감이 아퍼서… 아이고, 말도 마. 자식들까지 고생시키고 떠나서 말도 못 혀." 고개를 돌리시는 어르신의 어깨를 주물러 드리며 그래도 가끔 남편이 생각나냐고 여쭈었더니 생각하고 싶지도 않단다. 지금은 자식 내외와 손주들까지 함께 사니 만고가 편하단다. 문화 마을이 만들어져 사람들이 많이 들어와 좋은데, 이웃에 싹싹하고 마음씨 고운 부녀회장까지 살고 있으니 더 좋단다. "어쩔라고 새색시같이 이쁜 사람이 우리 동네로 왔는지 몰라. 참말로 좋아." 두 눈 가득 따스한 정이 고여 있었다.

승천한 용의 기운을 안고

전명수(61세) 이장

경상도 출장길에서 달려온 전명수(61세) 이장님을 회관 앞에서 만났다. "우리 마을은 남자 50명, 여자 54명으로 총 104명, 48가구가 살고 있습니다. 문화 마을로 지정된 뒤, 2020년에 마무리되었고 계속 인구가 늘고 있어요. 요즘 농촌의 '인구 소멸' 얘기가 우리 마을엔 해당되지 않지요." 자신감 있게 말하는 이장님은 "기존 주민과 새로 온 입주민들이 서로 소통하고 화합하면서 살기 좋은 동네를 만들고 있습니다."라고 했다. 초기에는 어려움도 있었지만, 양보와 이해로 문제를 해결해 왔다. 쓰레기 분리수거 같은 기본적인 생활 질서도 부녀회장 덕분에 잘 정착되었다며 그녀를 칭찬했다.

지난 10월엔 '2024 전라남도 찾아가는 영화관' 공모 사업에 광양시 최초로 선정되었단다. 마을 영화 상영은 물론, 주민과 마을 전경을 담은 사진 전시회도 열려 신·구 세대가 어울리는 특별한 추억을 만들었다.

마을 공동 행사는 항상 '함께'라는 단어를 품는다. 이처럼 안정되어 보이는 마을에도 작은 바람은 있다. "내년에는 초·중 통합학교가 인근에 생기면 인도도 생기고, 실내 게이트볼장도 만들 계획이에요. 이번 영화관 행사를 해보니 외부인들이 한 달쯤 머물 수 있는 공간이 있으면 좋겠더라고요. 작업하고 쉬는 공간이자 마을 소득 창출로도 이어질 수 있고요."

부녀회장도 덧붙인다. "노래하고 춤도 배울 수 있는 공간이 있었으면 좋겠어요. 지금 회관은 열 명만 모여도 너무 좁아요. 또 회관 2층은 어르신들에겐 계단이 부담돼서 엘리베이터도 꼭 필요하죠." 그녀의 말에서 어르신을 향한 배려와 실천하는 마음이 느껴졌다. 농촌 현실에 맞는 회관 설계가 필요하다는 것, 절로 고개가 끄덕여지는 부분이었다.

미래를 위한 작은 기억들

용소 마을회관

취재를 마치고 돌아오는 길에 이장님의 안내로 마을 뒤편을 둘러보았다. 그곳에는 공동 우물터가 있었다. 어린 시절 김을 씻어 먹던 장소라는데, 지금은 잡동사니로 덮여 있었다. 마을에 정자나무가 없어 아쉽다던 부녀회장의 말이 문득 떠올랐다. 문화 마을을 조성하며 사라진 것 중 하나일 것이다. 지금은 누군가 기억하지만, 시간이 지나면 잊힐지도 모른다. 우물터와 용소터에 작은 안내판 하나를 세우는 일, 20년 주기로 마을 변화를 기록해 남기는 일, 필자는 넌지시 이장님께 부탁드렸다.

"마을 뒤에 새 도로가 생겼어요. 그 도로에 올라가면 마을이 한눈에 내려다보입니다. 그냥 좋아요. 나고 자란 고향이니까. 뿌듯합니다." 용이 물을 박차고 하늘로 날아갔다는 마을, 그 기세와 기운이 지금의 용소 마을을 만들었을지도 모른다. 그러나 마을의 진짜 힘은, 작은 호박 하나라도 나눠 먹는 사람들, 정 많고 따뜻한 이웃들이 함께 살아가는 마음에 있다. 바로 여기가, 아름답고 행복한 전원마을, 용소 마을이다.

글·사진 방승희

작은 마을이 전하는 큰 행복,
구덕 마을

　태양계는 46억 년 전 태양이 생기면서 형성되었다. 태양을 중심으로 8개의 행성이 있는데, 그중 하나가 우리가 사는 지구이다. 생명체가 사는 유일한 행성으로 알려진 지구, 광양시 진월면 마룡리 구덕 마을에도 총 아홉 가구 열세 명의 어르신이 오순도순 살아가고 있다.

　구덕 마을은 방죽머리 동북쪽에 위치하며 약 320년 전 김령 김씨(金寧金氏)가 처음 입촌하여 마을을 이루었다. 원래 마을 이름은 덕치(德峙)라 했는데, '둔덕 아래에 있는 마을'이라는 뜻으로 해석된다. 마을 가까이에는 '화양골'이라는 옛 지명이 있는데, 이는 화약을 보관한 장소가 있던 골짜기다. 옛날에는 파수를 보던 군인들이 둔덕 밑에 살았다고 전해진다. 한편, 현재는 신아리의 '신덕(新德)'에 대비해 오래된 마을임을 나타내는 '구(舊)'자를 써서 '구덕'이라 부른다.

우물과 은행나무가 있는 풍경

　구덕 마을에 들어가는 길은 두 가지가 있다. 방죽과 용소 사이 오르막길과 이정 마을 옆길이다. 필자는 이정 쪽 길을 택했는데, 마을 전경을 한눈에 담기에 좋은 코스다. 마을 입구 도로 근처에는 옹기종기 집들이 어깨를 맞대고 모여 있다. 앞쪽으로는 비스듬한 경사면을 따라 논이 펼쳐지고, 낮은 산 아래로 또 한 무리의 집들이 흩어져 있다. 산의 형세와 물줄기를 따라 집터를 정한 듯하다.

구덕 마을 우물

　어느 마을이나 마찬가지로, 물은 삶의 근원이다. 구덕 마을에도 어김없이 마을 어귀에 큰 우물이 있다. 뚜껑으로 덮인 함석을 살짝 밀어내니 작은 나뭇잎 하나가 우물 안을 맴돈다. 오래된 비밀을 발견한 듯한 기분이다. 곡식마다 씨앗이 있듯 물에도 씨앗이 있다면, 이런 우물이 아닐까 생각해 본다.

　우물을 지나 마을회관을 찾아 걸으니, 키 큰 은행나무가 우뚝 서 있다. 두 몸통이 하나가 되어 노란 잎과 열매를 가득 매달고 있어 하늘빛까지 노랗게 물들인 풍경이다. 길 위에도 떨어진 열매로 발 디딜 틈이 없다. 은행을 피해 폴짝폴짝 뛰는데, 한 어르신이 낯선 사람의 행동이 우스꽝스러운지 미소 지으며 묻는다. "어디서 오셨소?" 취재차 왔다고 하자, 이 은행나무가 마을 당산나무라고 하신다. 예전에는 정월 초사흘 날에 당산제를 지냈으며, 윗마을과 아랫

마을이 만나는 장소로 의미 있는 나무란다.

고생? 말도 마요!

구덕 은행나무와 김정용 어르신

"나는 일본에서 태어나서 다섯 살 때 한국에 왔어요. 저기 우물 있는 길가 첫 집에 살아요." 김정용(85세) 어르신의 자기소개다. 조금 전 지나온 우물을 평생 사용해 오셨다 한다. "집이 없어 여기저기 떠돌아다녔어요. 고생? 말도 마요. 7남매 중 맏이라 학교 근처에도 못 갔어요. 어릴 적엔 남의 집 작은 머슴부터 했네요. 스물여덟 살에 군대에 가서 3년 5개월 동안 군 복무도 했고요. 참말로 어렵게 지금 사는 집을 마련한 게 가장 큰 행복이지요." 회관으로 가는 5분 동안 어르신이 들려준 인생 이야기다.

"어서 오쇼!" 반가운 인사와 함께 회관에 따뜻한 기운이 감돌았다. 손님이 온다는 소식에 이장님께서 미리 난방을 해놓은 듯했다. "우리 동네에 처음 왔으니 바구니 둘러쓰고 인사해라." 박춘자

구덕 마을회관

(82세) 어르신의 한마디에 회관 안은 와르르 웃음소리로 가득 찼다. 당황하는 필자에게 정금순(80세) 어르신께서 다정히 알려 주신다. 젊었을 때 이웃 마을 갯가에 일하러 가면 어른들이 재미 삼아 하는 말이라고 한다. 모자 쓰고 왔으니 그걸로 충분하다며 신고식이 마무리되었다.

회관에서 만난 어르신들

"여그는 길도 없고 도로도 없고, 논두렁 밭두렁이 길이라. 시집올 때 새 지게를 맞춰오라 한 곳이여. 모두 다랑논이라 지게 없이는 일을 못 했제. 하도 지게를 많이 져서 지금은 다리가 아퍼 기어다니네." 한 어르신의 말에 '고상'이라는 단어가 따라 이어진다. "회관 앞에 우물 봤제? 새벽에 보리 뚜드려 찧어 까불어서 샘에서 씻어 밥을 혔어. 물동이도 처음엔 항아리였다가 나중엔 양철통으로 바뀌었제. 밤낮으로 물을 여 날랐구만. 근디 늘 졸졸 새서 애먹었지." 힘들었던 세월이 실타래처럼 풀리듯 하나둘 이어진다.

시 정신과 우정, 전설이 깃든 진월

구덕 마을은 강물과 바닷물이 들어오지 않는 내륙 마을이다. 먹을 게 부족하던 시절, 산을 넘고 들을 지나 멀리 신답까지 갱조개(재첩)를 잡으러 다녔다고 한다. 머리에 고무통 가득 재첩을 이고도 나는 듯 달려올 수 있었던 것은 집에서 기다리는 자식들 때문이었다.

마을의 변화를 주도한 사람들

김정오 이장님 부부

김정오(78세) 이장님과 조재옥(69세) 구 이장님이 뒤늦게 나타나셨다. 두 분은 부부다. 손주가 와서 삼겹살을 구워주고 오느라 늦었단다. "제가 이장을 16년 했어요. 아무것도 모르고 시집와서 모든 게 힘들었어요." 조재옥 구 이장님은 지난 삶을 한 문장으로 압축했다. 50대가 돼서야 조금 나아졌다고 한다. "마을 일을 하며 가장 큰 보람은 회관을 짓고 농로를 만들고 포장한 거예요." 현재 마을의 모습을 만든 분이라며 어르신들이 박수로 감사 인사를 전했다. 제철 협력업체와 자매결연을 맺어 서로 도움을 주며 살던 시절이 행복한 추억이라고 한다. 한 해에 한 번씩 버스를 대절해 전국을 여행하던 재미난 시절도 있었다고. 지금은 몸이 불편하고 마음도 예전 같지 않아 아쉽다는 말씀도 덧붙였다.

부인의 뒤를 이어 현재 마을 일을 맡고 있는 김정오 이장은 구덕에서 태어나고 자랐다. "어려서부터 지게에 풀 지어 날랐어요. 지게 아니면 일을 할 수 없는 곳이니 고생이야 말로는 표현 못 해요. 진상에 있는 중·고등학교까지 6년 동안 1시간 20분을 걸어 다녔어요. 그때는 스물세 가구나 살았지요." 한때는 구덕이 큰 마을이었음을 강조했다. 지금은 이정과 방죽에서 오는 도로가 생겨 버스가 하루 두 번 왕복 운행한다. 시간이 맞지 않아 어려움도 있었지만 100원 택시가 생겨 해결되었다. 매월 카드에 2만 4천 원이 찍혀 들어오니 이웃끼리 2~3명이 짝을 지어 시장도 가고 병원에도 다녀오니 불편함이 없다고 한다.

광양시에서 제작한 시지에는 구덕 마을에 어울리는 지명이 곳곳에 나타난다. 자랑거리가 없다고 고개를 젓는 어르신들에게 책 속 사진을 보여드리며 동행을 요청했다. 그러나 당그래산, 두꺼비바구, 맷돌바구, 날개팅이, 호랭이바구, 쇳소리가 난다는 쇠바구 등 지명을 나열해도 모두가 고개를 갸웃거렸다. "100세 정도의 어르신이라면 아실 텐데, 우리 세대는 알 수 없는 것들이에요." 다랑논을 정리하고 개간하는 동안 어디론가 사라졌거나 땅에 묻혔단다. 들녘 비탈에서 오랜 세월 마을을 내려다보는 소나무는 알고 있을까. 대답이라도 하듯 푸른 솔잎 하나가 툭, 어깨로 내려앉았다.

구덕 마을의 꿈

"우리 마을은 공기도 맑고, 인심도 좋아요. 몇 가구 안 되어 더 정겹게 삽니다. 산이 빙빙 둘러싸 겨울엔 따시고 포근해요." 어르신들이 외지인에게 들려주는 마을 자랑이다. 구석구석 땅만 사놓고 묵히는 일부 사람들에게는 경고성 발언도 서슴지 않는다.

"어디든 비슷하지만, 시골에 투기성 땅을 사놓고 오르기만 기다리고 있는 사람들이 문제입니다. 그 때문에 터무니없이 가격이 올랐어요. 그러니 정작 들어오고 싶은 사람이 못 들어오는 거 아닙니까." 뼈 있는 이장님 말씀이 누군가의 반성과 실천으로 이어지기를 바란다.

구덕 마을 전경

현재 마을의 숙원 사업은 두 가지다. 회관 앞에 주차장을 만드는 것과 오수·하수처리장 건립이다. 둘 다 부지가 필요하고 비용이 많이 들어 엄두를 내지 못하고 있다. 아랫마을 신덕 마을처럼만 되었으면 좋겠다는 바람도 전했다.

돌아올 때는 마을 뒷길을 택했다. 용소 마을로 내려가는 길이다. 물동이와 지게를 이고 지고 논밭을 누볐던 어머니들의 웃음소리가 화양골을 넘는다. 수줍음이 많아 함께 가는 여행도 피하셨다는 아버지들의 미소가 노란 은행잎에 매달린다.

진월면에서 가장 작은 마을이라 알려진 구덕 마을, 그곳엔 열세 명의 어르신 외에도 강아지 세 마리와 고양이 여덟 마리가 있다. 동네 지킴이 노릇을 하는 강아지들 이름은 '돌이'와 '외톨이', 그리고 '개'다. 빨리 친해지고 싶다면 아무 이름이나 부르면 된다. 고양이는 이 집 저 집 자유롭게 넘나들며 논다.

"행복이 뭐 있간디! 일하고 와서 보리밥 한 양푼 먹고 방귀 뿡뿡 뀔 수 있으면 되제." 구덕 마을 어르신이 전하는 소박한 행복론이다. 어르신들의 꿈을 응원하며, 이 소박한 행복이 오래도록 이어지길 바란다.

글·사진 방승희

편집 후기

박발진

    골목길을 걸으면서 드는 생각이다. 우리 농촌은 이제 거대한 양로원. 담장 너머로 아이들 울음소리 대신 매미 소리 가득하다. 잡초처럼 견디며 세월에 순응한 노인들끼리 오순도순 살고 있다. 생명산업 농업을 외면하는 세태에 고향과 추억과 희망도 함께 묻히고 있다. 더 늦기 전에 대전환이 필요할 듯하다.

박옥경

    진월의 차동, 사동, 구동, 용암세장을 오가며 여전히 정답고 인정 넘치는 분들을 만났다. '간식 먹어라.' '된장국에 밥 먹고 가라.'는 말 속에 마을을 사랑하는 자부심과 아쉬움이 함께 묻어났다. 마을 발전을 위해 알게 모르게 동분서주하는 이장님들은 얼마나 진지하고 성실한지 늘 감동이다. 나름의 독특하고 아름다운 이야기를 지닌 마을이 더 발전하고 좋아지기를 기대한다.

방승희

    정자나무 아래 모여 나누던 웃음소리,
    우물가에 놓인 둥근 두레박,
    돌담 사이로 피어오르던 들꽃들이 아직도 마을을 지키고 있습니다.
    이제는 어르신들만 남은 곳이지만,
    그 기억과 삶의 흔적이 곧 희망의 씨앗이라 믿습니다.

백숙아

광양에 사는 사람들은 속정이 깊다. 내 나이 20대부터 시어머님께 늘 듣던 말, "너도 곧 늙을 것이다. 젊을 때 재미있게 살아라." 예순 문턱을 넘어서면서 그 깊이를 알았다. 마을을 지키며 살아가는 어르신들에게서 사람의 온기와 삶의 진솔함을 배웠다.

양선례

학창 시절, 국사와 세계사 시간이 즐거웠다. 대학에서 더 깊이 있는 공부로 이어가고 싶었지만 졸업하면 바로 취업할 수 있는 학과로 진학할 수밖에 없었다. 못다 이룬 꿈은 첫사랑처럼 늘 그리운 존재로 남았다.
뒤늦게 지역사, 그것도 내 고향 광양의 이곳저곳을 알아보는 기쁨이 크다. 수박 겉핥기로 알던 진월이 1년간 회원들과 들여다보고, 탐방하면서 꽤 가깝게 다가온다. 영상물 홍수 시대지만, 그래도 언젠가는 우리가 발품 팔아서 이룬 종이책의 가치를 세상이 알아주는 날이 오리라는 희망으로 이 한 권의 책을 세상에 내놓는다.

이회경

기록은 한 시대를 살아가는 존재의 책무이자 미래진행형이다.
닫힌 사립문을 열고 들어가 캐낸 보석 같은 삶의 이야기들이
어제와 내일을 잇는 영원한 '오늘'이 되길 바란다.